AF241033

RECHERCHES

SUR

L'ORIGINE

DU

DESPOTISME

ORIENTAL.

Ouvrage posthume de Mr. B. I. D. P. E. C.

Monstrum horrendum, informe, ingens.....
Virgil.

MDCCLXVI.

Duchesne

TABLE

DES

SECTIONS.

SECTION PREMIERE. *Différens sentimens sur l'origine du Despotisme.* page 1.

SECT. II. *Route qu'il faut suivre pour parvenir aux véritables sources du Despotisme.* 14

SECT. III. *Les anciennes révolutions de la Nature sont les sources innocentes de toutes les erreurs humaines.* 23

SECT. IV. *Impressions que les malheurs du Monde ont dû faire sur les Hommes.* 31

SECT. V. *Premiers effets des impressions des malheurs du Monde sur la Religion & sur le Gouvernement des hommes.* 38

SECT. VI. *Principes des premieres institutions religieuses, & erreurs qui sont sorties de l'abus qu'on en a fait.* 48

SECT. VII. *Principes des premieres Institutions Civiles & Politiques. Les hommes prennent le Gouvernement Théocratique.* 78

SECT. VIII. *Le souvenir des anciennes Théocraties est absorbé par le temps ; les fables seules en conservent quelques vestiges.* 112

SECT. IX. *Quels ont été les usages Théocratiques. On retrouve chez toutes les Nations, & ces usages, & les abus sortis de ces usages corrompus.* 122

SECT. X.

TABLE des SECTIONS.

Sect. X. *Les Théocraties produisent l'idolâtrie.*
Pag. 148

Sect. XI. *Abus politiques du Gouvernement Théocratique.* 173

Sect. XII. *Les Théocraties produisent le Despotisme.* 188

Sect. XIII. *Les Usages Théocratiques se conservent chez tous les Despotes civils.* 216

Sect. XIV. *Suite du même sujet.* 233

Sect. XV. *Les Usages Théocratiques se conservent chez tous les Despotes Ecclésiastiques.* 254

Sect. XVI. *Tous les Despotes veulent commander à la Nature même.* 263

Sect. XVII. *Vestiges d'Usages Théocratiques dans les Cours de l'Europe.* 272

Sect. XVIII. *Sources des variétés & des contrariétés qu'on apperçoit dans les usages de différens Gouvernemens Despotiques.* 276

Sect. XIX. *Du Despotisme de la Chine.* 293

Sect. XX. *Conclusion sur le Despotisme.* 307

Sect. XXI. *Comment le Despotisme a pris fin en Europe. Les Républiques lui succedent. Faux principes de ce nouveau Gouvernement.* 311

Sect. XXII. *Du Gouvernement Monarchique.* 323

Observations *sur le Livre de l'Esprit des Loix.* 330

FIN de la Table.

RECHERCHES

SUR

L'ORIGINE.

DU

DESPOTISME.

SECTION I.

Différens sentimens sur l'Origine du Despotisme.

LES Monarques de l'Orient nous sont représentés comme les arbitres souverains du sort des peuples qu'ils gouvernent, & leurs sujets, comme des esclaves destinés dès leur naissance à por-

A

ter le joug d'une humiliante & déplorable fervitude. Si nous faifons paffer devant nos yeux les hiftoires & les
relations d'Afie, nous verrons avec é-
tonnement que depuis une très longue
fuite de fiecles il n'y a point eu d'autres Loix en ces climats que la volón-
té des Princes, & qu'ils ont toujours
été regardés comme des Dieux vifibles,
devant qui le refte de la terre anéantie
devoit fe profterner en filence. De nos
jours encore les voyageurs font fouvent
témoins des fcénes tragiques & barbares que produit fans cefle cette conftitution révoltante, qui fait qu'un feul
eft tout, & que le tout n'eft rien.

C'eft dans ces triftes régions que
l'on voit l'homme fans volonté, baifer
fes chaînes, fans fortune affurée & fans
propriété, adorer fon Tyran; fans aucune connoiffance de l'homme & de la
raifon, n'avoir d'autre vertu que la
crainte; &, ce qui eft bien digne de
notre furprife & de nos réflexions, c'eft

là que les hommes portant la fervitude jufqu'à l'héroïfme, font infenfibles fur leur propre exiftence, & béniffent avec une religieufe imbécillité le caprice féroce qui fouvent les prive de la vie; feul bien qu'ils devroient poffêder fans doute, mais qui felon la Loi du Prince, ne doit appartenir qu'à lui feul, pour en difpofer comme il lui plaît.

Plus on a réfléchi fur les traits qui caractérifent les Souverains & les Peuples Afiatiques, plus on a défiré de connoître comment le genre-humain, né libre, amoureux & jaloux à l'excès de fa liberté naturelle, fur-tout dans les fiecles primitifs, a pu totalement oublier fes droits, fes privileges, & perdre ce bien précieux, qui fait tout le prix de fon exiftence. Quels événemens ou quels motifs, en effet, ont pu contraindre ou engager des êtres doués de raifon, à fe rendre les inftrumens muets & les objets infenfibles des caprices d'un feul de leurs femblables?

Pourquoi dans un climat tel que l'Afie, où la Religion a toujours eu tant de pouvoir fur les efprits, pourquoi dis-je, le genre-humain y a-t-il, par un concert unanime & continu, rejetté le don le plus beau, le plus grand & le plus cher qu'il ait reçu de la nature, & a-t-il renoncé à la dignité qu'il tient de fon Créateur? Cette étrange difpofition des efprits Afiatiques, & cette malheureufe fituation de la plus belle partie du Monde, ont extrêmement touché dans tous les temps les Philofophes, les Hiftoriens & les Voyageurs; il en eft peu qui n'ayent effayé d'en donner quelques raifons, & d'en chercher les fources, foit dans le moral, foit dans le phyfique de ces climats, mais plus encore dans leur feule imagination, dépourvue des connoiffances néceffaires pour la folution & le développement d'un problême auffi difficile qu'intéreffant.

Quelques-uns ont penfé que pour

parvenir aux caufes primitives de cette dégradation du genre-humain, il falloit remonter à des fiecles fauvages, où les hommes errans & timides fe feroient foumis au plus fort, les uns de gré, les autres enfuite par la force. Ceux qui ont adopté ce fentiment, paroiffent n'avoir point fait attention que c'eft dans cet état de vie fauvage qu'une pareille révolution a dû le moins arriver, puifque c'eft dans cet âge que le prix de la liberté a dû être le plus connu & le mieux fenti : elle étoit alors le feul bien du genre-humain : comment auroit-il pu s'en dépouiller ? Elle eft encore l'unique tréfor de l'Amérique ; & pourroit-on nier que l'amour que les Américains lui portent, ne foit la raifon pour laquelle les Tonnerres Européens qui les ont effrayés, ne les ont néanmoins jamais pu fubjuguer ? L'on n'a fait d'efclaves dans cette vafte contrée que des Mexicains & des Péruviens, qui n'étoient déja plus des hommes libres au tems de l'arrivée des *Cortez* & des *Pizarro.* Il eſt donc auſſi contraire à la raiſon qu'à l'expérience, de préſumer que des Nations ſauvages ayent pu, dans telle occaſion & pour tel ſujet que ce puiſſe être, ſe ſoumettre de plein gré à un ſeul. Il eſt encore bien moins vraiſemblable que ce genre de Gouvernement ait pu s'établir chez de tels Peuples par la force. Quelles ſont les voies & les armes capables d'aſſujettir un homme qui eſt libre de fuir, qui eſt dans l'uſage d'errer d'un lieu dans un autre, & qui n'ayant que ſa liberté à conſerver, a tant de facilité pour le faire? *En vain tu pourſuis les Scythes,* diſoit leur Ambaſſadeur au plus grand Conquérant du Monde, *je te défie de les atteindre: notre pauvreté ſera toujours plus agile que tes armées.*

D'autres ont été chercher l'origine du Deſpotiſme & ſon établiſſement chez des Peuples raiſonnables & civili-

fés, que quelques ambitieux trop heureux auront soumis par des moyens violens, mais continus & toujours soutenus par la terreur; ce qui aura fait naître l'esclavage, ou au moins en aura
préparé le joug & l'habitude. L'Histoire sembleroit justifier ce sistême;
mais si l'on retrouve quelques rapports
entre les événemens arrivés depuis que
ce cruel Gouvernement est né & a étendu ses limites, on ne peut néanmoins
y voir qu'une fausse conjecture, si l'on
essaye de l'appliquer au Despotisme primitif. Le premier homme qui a tenté
de soumettre ses semblables, a dû,
chez des peuples civilisés, comme chez
des peuples sauvages, soulever les autres contre lui. Avant la conquête, il
auroit fallu lever une armée, qu in'est
qu'une suite de la conquête.

Le Gouvernement domestique des
premiers hommes a encore été regardé
par plusieurs politiques, comme le
principe originel du Despotisme. Un

Pere, chef de fa famille, en eft, difent-ils, devenu le Roi & le Defpote,
à mefure que cette famille s'eft étendue, & que fes branches multipliées
autour du Trône, ont commencé à former un grand peuple. Mais quand il feroit auffi certain qu'il l'eft peu, que le
pouvoir des Peres dans les premiers âges
ait été un pouvoir abfolu fur leurs enfans,
les enfans devenus à leur tour des chefs
de familles particulieres, euffent eu, fans
doute, le même droit qu'avoit eu leur
Pere commun, de préfider chacun dans
leurs habitations. En admettant ainfi
le pouvoir paternel comme la fource
des autorités primitives, loin d'en
voir fortir ces grandes Monarchies &
ces grandes Sociétés régies par une
même volonté, on n'a dû voir qu'une
multitude de petits centres & de cer-
cles ifolés les uns des autres, gouvernés féparément fur le modele, mais non
fur la loi du cercle originel. Il eft vrai
que leur fource commune a dû produi-

re entre eux quelques liaifons & quelques rapports. Je foupçonnerois volontiers que c'eft à cette liaifon que quelques Ariftocraties, par la fuite des temps, auront dû leur origine. Le pouvoir paternel, devenu compofé & comme dépendant de la Société par le progrès des familles, a dû néceffairement y donner lieu : mais je ne vois point la fource du pouvoir arbitraire & fans bornes. Comment d'ailleurs l'autorité paternelle, qui reconnoît les loix de la nature, auroit-elle pu produire le Defpotifme qui n'en reconnoît point?

Plufieurs ont encore été chercher les caufes fecrettes de ce Gouvernement dans les difpofitions naturelles que les peuples femblent avoir reçu de leurs climats, qui les rendent plus ou moins propres à connoître le prix de leur exiftence, & plus ou moins vifs fur leurs intérêts. L'Hiftoire nous montre l'Europe toujours brave, toujours jaloufe de fa liberté; elle nous fait voir au contraire l'Afie plongée en tout temps dans l'indolence & la fervitude. Il a paru naturel d'attribuer aux climats des rapports auffi conftans & auffi fuivis ; l'uniformité du caractere des diverfes Nations qui fe font fuccédées de fiecle en fiecle dans ces deux parties du Mon-de, paroiffant confirmer cette idée, a fait auffi penfer que le climat de l'une produifoit des hommes libres, & que le climat de l'autre ne pouvoit produi-re que des efclaves.

Quoique l'expérience & une multi-tude de faits femblent de plus en plus autorifer & juftifier ce fentiment, il feroit peu raifonnable de regarder la nature du fol ou de la température de l'Afie comme l'unique caufe de la fer-vitude qui y regne & qui y a toujours régné : ce feroit tout accorder au phy-fique, aux dépens d'une infinité de cau-fes morales & politiques, qui ont pu y concourir ; ce feroit attribuer à un feul reffort, que l'on prétend connoître, tous les effets d'une machine qui peut & doit avoir plufieurs autres mobiles qu'on a peut-être négligé d'examiner. Tel que foit le pouvoir des climats fur les divers habitans de la terre, nous pouvons être certains, par exemple, qu'il n'y a aucune action phyfique qui puiffe éteindre dans l'homme le fentiment naturel de fes plus chers intérêts, à moins que l'éducation & les préjugés n'y cooperent, en ne lui préfentant dès l'enfance que de faux principes fur fon bonheur réel & fur fes vrais devoirs. Tout fait fentir au jeune Afiatique qu'il eft efclave, & qu'il doit l'être ; tout apprend à l'Européen qu'il eft raifonnable, & l'Américain voit qu'il eft libre.

Voilà, fans doute, quel eft le grand reffort qui feconde l'action des climats & la véritable caufe des diverfités que nous voyons dans le genre de vie, dans la façon de penfer & dans le Gouvernement de toutes les Nations. Echan-

geons leurs principes , & nous pouvons être sûrs qu'indépendamment de
toute la vertu & de toute l'influence de
leur climat, nous verrons la liberté dans
l'Afie , la raifon dans l'Amérique, &
l'efclavage dans l'Europe. Les difficultés qu'on rencontreroit en faifant
cet échange , feroient vraifemblablement en raifon de la force du phyfique
de chaque lieu; il faudroit, fuivant lés
climats, plus ou moins de temps, ou
plus ou moins de peine; mais à la fin
l'éducation feroit certainement victo-
rieufe.

L'Afie peut nous fournir la preuve
de ce que je viens d'avancer fur l'infuf-
fifance de l'action des climats , lorfque
cette action n'eft point combinée avec
les préjugés des hommes. Cette partie
du Monde eft trop vafte & trop étendue pour avoir partout le même Ciel,
la même Zône & la même température; on ne voit néanmoins aucune mo-
dification dans les préjugés qui y re-

gnent, & malgré toutes les variétés du fol, une caufe fecrette lui fait fubir partout une même loi; le Nord comme le Midi, l'Orient comme l'Occident de cette immenfe Région, n'obéiffent qu'à des Defpotes, & ne reconnoiffent d'autre loi que la volonté de leurs Souverains. Il doit donc néceffairement y avoir dans l'Afie des contrées où le Defpotifme ne doit rien au climat où il regne; il y doit tout à l'habitude & aux préjugés de fes efclaves. L'Amérique produiroit auffi de femblables objections aux Phyficiens politiques: elle contenoit deux grands Etats defpotiques, environnés de Nations libres & vagabondes. Il en eft de même de l'Afrique, où l'on voit un mélange bizarre de peuples foumis à de grands & de petits Defpotes, & de Barbares errans dans fes déferts.

Je n'accumulerai point ici, contre ces prétendues influences du Ciel & de la Terre, une multitude d'autres réflexions, qu'une faine Philofophie & le fentiment naturel font capables de préfenter à tous les hommes; il en réfulteroit toujours que l'état des Nations & leurs divers Gouvernemens dépendent effentiellement de leurs préjugés. Ceffons donc de nous arrêter fur des fyftêmes faux en eux-mêmes, ou du moins incomplets; abandonnons des recherches peu heureufes jufqu'ici, & n'ayons plus recours à des chimeres phyfiques & politiques pour expliquer les erreurs humaines, car le Defpotifme en eft une.

SECTION II.

Route qu'il faut fuivre pour parvenir aux véritables fources du Defpotifme.

LE Defpotifme eft une erreur, & une fuite des erreurs du genre humain; ainfi ce n'eft point dans le

physique de chaque lieu, ni par le secours d'aucun syftême philofophique,
qu'il en faut chercher la fource pour
la montrer aux hommes, & pour les
inftruire. C'eft à des faits qu'il faut
recourir; c'eft fur eux qu'il faut appuyer des preuves qui foient elles-mêmes des faits : ce font les détails & les
ufages, ce font toutes les coutumes de
ce Gouvernement qu'il faut étudier, rapprocher & concilier les unes avec les
autres & avec la grande chaîne des erreurs humaines, pour en connoître l'efprit, & pour parvenir enfuite aux véritables points de vue qu'ont eu primitivement ces ufages & ces coutumes.
C'eft en fuivant cette route, à l'aide
de toutes les connoiffances que j'ai
tâché d'acquérir fur l'Hiftoire de la Nature, que je crois être enfin parvenu
à découvrir quelle eft la véritable origine du Defpotifme : il m'a femblé qu'il
ne s'étoit point établi fur la terre, ni
de gré, ni de force; mais qu'il n'avoit

été dans son origine qu'une triste suite
& une conséquence presque naturelle
du genre de Gouvernement que les hommes s'étoient donné dans des siecles
extrêmement reculés, lorsqu'ils prirent
pour modele le Gouvernement de l'U-
nivers, régi par l'Etre Suprême, projet
magnifique, mais fatal, qui a précipité
toutes les Nations dans l'idolâtrie &
dans l'esclavage, parce qu'une multitude de suppositions qu'il a fallu faire,
ont ensuite été regardées comme des
principes certains ; & qu'alors les hommes perdant de vue ce qui devoit être
le vrai mobile de leur conduite ici-bas,
ont été chercher des mobiles surnaturels, qui n'étant point faits pour la
terre, les ont trompé & les ont rendu malheureux.

Avant de nous engager dans la carriere qui m'a conduit à cette décou-
vérte, il sera nécessaire de faire connoître quelles ont été les circonstances
qui ont porté les Sociétés à concevoir

une

une idée fi haute & fi fublime. Nous examinerons enfuite quel a été ce genre de Gouvernement qu'elles avoient choifi & établi; nous le chercherons dans l'hiftoire; nous étudierons fes coutumes & fes ufages, & nous verrons découler de cet examen une multitude de connoiffances inattendues, qui nous apprendront comment ce point de vue primitif fi beau, & qui paroît fi digne des créatures penfantes, s'eft changé en un défert rempli d'horreurs & de miferes; nous découvrirons quels font les maux qui font fortis d'un plan qui n'avoit eu pour objet que le bonheur du genre humain, & nous appercevrons enfin comment les hommes ont été avilis & dégradés par les conféquences d'un principe qui les couvre de gloire.

L'alliance étroite & funefte, que j'ai trouvée entre l'Idolatrie & le Defpotifme, augmentera l'horreur que doit nous caufer cet odieux Gouvernement; mais elle nous obligera auffi d'en exa-

miner l'origine, parce qu'elle fait une
partie essentielle de son histoire. Je ne
rappellerai point les différens systêmes
qu'ont imaginé les anciens & les modernes sur les sources de ce culte insensé de nos peres. Je marcherai vers l'I-
dolatrie comme vers le Despotisme, par
une route qui n'a pas encore été frayée,
& j'arriverai à leurs sources, sans m'em-
barrasser des hypotheses, des conjectures & des préventions de ceux qui m'ont
précédé.

Je ne pourrai point développer ces
importantes anecdotes de l'esprit humain, sans lui présenter le tableau de
ses erreurs; perspective humiliante en
elle-même, & quelquefois dangereu-
se par les suites. S'il y a cependant
quelque danger à le faire, ce ne peut
être que dans la façon de s'y prendre;
ce seroit en ne lui présentant ce tableau
que pour l'avilir & le dégrader, que
pour lui faire des reproches amers &
infructueux, & pour achever de lui

ôter le peu de confiance qui lui reste en
sa raison, dont une morale mystique
n'a déja que trop affoibli le ressort. Il
y auroit du danger sans doute à n'instruire l'homme de ses égaremens qu'en
Philosophe austere, & en ennemi du
genre humain ; ce seroit le porter
au désespoir, & le réduire à la condition des bêtes. Ce n'est point là l'objet
de cette Philosophie bienfaisante &
éclairée qui fait la gloire de notre sié-
cle, & dont je cherche à suivre l'esprit :
aussi éloignée de tous sentimens extrêmes qu'amie du vrai, elle fait prendre
le milieu entre le faux sublime de la
Superstition, lorsqu'elle prétend porter
l'homme au-dessus de sa sphere, & le
Stoïcisme atrabilaire & sauvage, qui
quoiqu'ennemi du fanatisme en est un
lui-même. Il est aussi capable que lui
d'égarer l'homme, parce qu'il ne lui
donne que des leçons propres à méconnoître sa nature, son état & ses devoirs
ici-bas. La saine Philosophie évite ces

écueils ; elle fçait ramener l'homme à lui-même & le confoler de fes égaremens. Lorfqu'elle apprend aux habitans de notre planete qu'ils fe font trompés, ce n'eft point pour leur perfuader qu'ils n'ont point de raifon ou qu'ils doivent la craindre, c'eft pour leur faire remarquer qu'ils n'en ont point toujours fait un ufage convenanable. Cet avertiffement porte toujours avec lui fon inftruction ; car fur telle partie de leurs ufages ou de leurs opinions qu'il puiffe tomber, il fuffit de rappeller avec douceur l'efprit de l'homme à la raifon, pour tôt ou tard y ramener fes pas; il n'eft point d'erreurs qui ne lui foient nuifibles. Ce même avertiffement procure enfuite une vraie confolation ; l'inftruction qu'il renferme, en eft une pour la raifon, naturellement amie de la vérité, & pour laquelle elle a toujours un penchant invincible.

Il eft encore un autre point de vue

utile & confolant, que la vraie Philofophie ne néglige point de faire appercevoir aux hommes dans le tableau
même de leurs erreurs ; elle leur montre
qu'il n'y a point de fauffes opinions,
point de préjugés, point de traditions
ridicules ou d'ufages corrompus, qui
n'ayent eu dans leur origine quelque
excellente vérité pour bafe, & fouvent
même quelques principes qui font honneur à l'humanité : d'où il arrive que
l'hiftorique de ces erreurs en devient la
meilleure preuve ; alors le courage de
l'homme fe releve, la confiance qu'il
étoit prêt de ne plus avoir en fa raifon,
fe ranime ; il apprend que ce n'eft ni
l'abus qu'il en a fait, ni fon orgueil,
qui ont produit fes chûtes ; qu'elles,
viennent de ce qu'il a ceffé de faire ufage de fa raifon, & de ce qu'il ne l'a
point affez eftimée ; il reconnoît que
s'il eft tombé dans toutes fortes de défordres, ce n'a point été parce que fa
nature a dégénéré & s'eft infectée d'u-

ne prétendue corruption, mais parce qu'il a trop respecté les institutions de ses peres, sans se défier du temps qui corrompt les meilleures choses; parce qu'il ne s'est point apperçu des altérations qui les ont insensiblement changées; parce qu'il a continué de les respecter aveuglément, en cessant de penser & de réfléchir par lui-même; enfin parce qu'il s'est imaginé toujours suivre les loix & les usages de ses ancêtres, lors qu'il n'en suivoit plus que le spectre & le fantôme.

C'est en mettant cet important point de vue dans tout son jour, qu'il ne peut y avoir aucun danger d'offrir aux hommes la peinture & l'histoire de leurs erreurs; en les faisant ressouvenir de leur raison, on ne peut que les rendre meilleurs & plus heureux. En détruisant une foule de faux principes & de faux mobiles, qui tantôt les élevent trop, & tantôt les rabaissent au-dessous d'eux-mêmes, on ne peut qu'écarter

l'incertitude de leur état, & les ramener aux véritables connoiſſances de leurs
intérêts & de leurs devoirs. Puiſſe le
genre humain, que j'aime & que je
reſpecte, parce que la nature m'y porte & que la raiſon me l'ordonne, profiter un jour de toutes les inſtructions
& des conſolations que mon ouvrage
pourra lui fournir! c'eſt à lui que je le
conſacre, bien plus qu'à mes conci-
toyens dont il eſt de mon devoir de mé-
nager la foibleſſe.

SECTION III.

Les anciennes révolutions de la Nature
ſont les ſources innocentes de toutes les
erreurs humaines.

NOus ſommes tous les jours les témoins de la facilité avec laquelle
un homme, rendu à la tranquillité,
perd le ſouvenir des maux qu'il a ſouf-

ferts, & de l'ardeur avec laquelle il s'occupe à réparer ſes anciennes miſe-res. Nous remarquons même ſouvent qu'un rayon de joie & de contentement ſuffit pour ſuſpendre nos peines, que nous ſommes alors diſpoſés, à ne plus regarder que comme de mauvais ſon-ges. Il en a été de même du genre humain; après avoir été preſque entié-rement exterminé par les anciennes ré-volutions de la Nature, il a tout ou-blié; & lorſque le repos lui fût rendu, il n'a ſongé qu'à réparer ſes pertes.

Les ſiecles ont vu des temps déplora-bles, où l'ordre de la Nature troublé & renverſé a précipité tous les êtres de notre Globe dans des calamités ſans nombre. Le Monde a perdu ſa lumie-re; la marche du Soleil & des planetes s'eſt altérée; les Continens que nous habitons, ont été des ſcenes mouvantes, où les incendies, les inondations, les tremblemens & les ténebres ont regné tour à tour, & ſur leſquels les mers, lés fleuves & les rivières, tantôt débordées, tantôt defféchées, ont produit mille fléaux fucceffifs , qui ont défolé le genre humain.

Il a été des temps où l'homme s'eft regardé comme l'objet de la haine & de la vengeance de toute la nature irritée ; toutes les fociétés ont été rompues ; les hommes ont été obligés d'errer à l'avanture fur les ruines du Monde, au gré de tous les fléaux qui fembloient les pourfuivre ; ils étoient alors fans fecours, fans fubfiftance & fans confolation ; retirés dans les montagnes, elles s'écroûloient fous leurs piés ; fugitifs dans les plaines, les eaux venoient les fubmerger ; cachés dans les antres & les cavernes, ils y étoient enfevelis tous vivans ; enfin toujours errans , toujours cherchans de nouveaux climats & de nouveaux afiles , par tout ils étoient perfécutés.

Les monumens naturels qui reftent par tout le Monde de ces anciennes &

effroyables cataſtrophes, ſont aujourd'hui, & depuis une infinité de ſiecles, méconnus de preſque tous les habitans de la Terre: ce n'eſt qu'un petit nombre de Phyſiciens & de Philoſophes, qui, depuis un ſiecle tout au plus, commencent à y lire l'hiſtoire ancienne de la Nature & du genre humain. * Mais tout ce qu'ils y voyent, n'eſt encore conſidéré de la plupart que comme des objets plus amuſans & plus frivoles qu'inſtructifs & intéreſſans. Les ſublimes anecdotes de la Nature, gravées par toute la Terre en caracteres ineffaçables & faits pour toutes les lángues, ne ſoht regardées que comme des ſonges & des chimeres, par le vulgaire prévenu, qui ne veut ni voir ni penſer par lui-même.

Si l'on a méconnu les monumens naturels de ces grands événemens, l'on a

---

* Voyez *Telliamed*, *l'Hiſt. nat.* de Mr. *de Buffon* Tom. I. La préface du Tom. III. des *Oeuvres* de Mr. *Lehmann*, &c.

encore plus méconnu les monumens
hiftoriques, l'on a négligé de maintenir & de conferver les ufages, les coutumes & les inftitutions civiles & religieufes que les anciens peuples avoient
établies, pour perpétuer à jamais le
fouvenir des malheurs du monde, &
pour inftruire les races futures de fon
inconftance & de fa fragilité. Il eft
pourtant vrai qu'il y a peu de Nations
qui n'ayent confervé à ce fujet, quelques traditions confufes; quelques-unes
même ont des livres d'une très-haute
antiquité, qui femblent nous apprendre
tout ce qu'il eft poffible de favoir fur
cette partie de l'hiftoire du Monde, &
nous en défigner précifément le temps
& la durée. Mais tout ce que ces traditions & ces prétendues hiftoires, que
chaque peuple révere comme facrées,
nous ont tranfmis fur les révolutions de
la Terre, ne nous préfente que des
veftiges foibles, tronqués, mutilés &
corrompus; les caufes, les progrès,

les effets & les suites de ces événemens
n'y font que des fables; on n'y remarque aucuns détails qui foient conformes
aux mouvemens de la Nature, & analogues à la multitude & à la variété des
phénomenes & des accidens, qui ont
été fans nombre dans le Ciel & fur la
Terre. Il n'y a pas un feul de ces livres, dans lefquels ont prétend faire
voir aux hommes l'hiftoire de leur origine, qui ait infifté fur cette fameufe
époque, comme fur la caufe & la fource des loix, des coutumes, des Gouvernemens & des Religions. Ils gar-
dent tous un profond filence fur les impreffions que les malheurs du Monde ont
faites fur les hommes, auffi-bien que
fur les fuites bonnes ou mauvaifes qu'ont
eu ces mêmes impreffions.

Le Déluge univerfel qui fubmergea
le genre humain, fuivant les annales
des Hébreux, y paroît avoir moins
de fuites que n'en avoit chez les Romains une inondation du Tibre; c'eft

un fait ifolé, auffi-tôt oublié que ra-
conté, & qui ne tient plus à aucun
des événemens des fiecles qui ont fuivi ;
ce font cependant les révolutions de la
Nature, qui , après avoir détruit les
Nations, ont enfuite été les vrais légiflateurs des fociétés renouvellées ; ce
font elles, qui, après avoir rendu les
Nations auffi religieufes qu'elles avoient
été miférables, font par la fuite devenües
la matiere, l'objet & la caufe innocente de toutes les fables, de tous les Ro-
mans de l'Antiquité, de toutes les erreurs politiques & religieufes qui ont
féduit l'efprit de l'homme, & de toutes les opinions qui ont produit fes malheurs & fa honte.

Ce fera donc l'homme échapé de la
ruine du Monde, que nous allons confidérer & étudier ; nous réfoudrons par
là une infinité de problemes qui con-
cernent l'homme actuel & le genre humain depuis les temps connus. Ce ne
fera point un Sauvage, un être méta-

physique, ou cette créature créée parfaite & qui s'est corrompue, chimere dont tant de Docteurs & de Savans se font vainement occupés ; ce sera un être réel, que nous examinerons dans un état réel : en le suivant pas à pas, à mesure qu'il s'écartera de cette époque, il ne nous ménera point à des conjectures solitaires, & qui ne tiendront à rien, mais à une route immense, où toutes les parties de la fable & de l'histoire viendront aboutir, s'éclairciront les unes par les autres, & se rangeant d'elles-mêmes dans l'ordre convenable, exposeront à nos yeux la véritable chaîne des annales du Monde moral & politique.

Je ne parle ici, & je ne parlerai dans cet Ouvrage que des temps qui ont suivi ceux qui ont donné à l'Univers la disposition qu'il a présentement, & que nous lui connoissons depuis un grand nombre de siecles. A l'égard des temps qui les ont précédés, ils sont pour moi comme s'ils n'euffent jamais été; bien qu'ils ayent exifté, ils ont été fi obfcurs, même pour l'antiquité la plus reculée, que la plupart des Peuples anciens fe font imaginé voir la création & la naiffance de toutes chofes dans les anecdotes déja corrompues de ce qui n'étoit que le renouvellement du Monde; erreur groffiere, qui en a fait naître une infinité d'autres, comme nous le verrons dans le cours de cet Ouvrage.

SECTION IV.

Impreffions que les malheurs du Monde ont dû faire fur les Hommes.

MAlgré l'obfcurité dans laquelle il paroît que nous devons néceffairement tomber en franchiffant les bornes hiftoriques, nous ne manquerons pourtant point de flambeaux & de guides fûrs en cherchant au delà, c'eft-à-dire en fouillant dans les efpaces téné-

breux, que le plus grand nombre regarde comme imaginaires, où nous
trouverons des faits naturels, & des inftitutions humaines. Pour éclaircir le
vrai tombé dans les ténebres, & pour
y faire rentrer à leur tour toutes les
chimeres facrées auxquelles l'ignorance & l'impofture ont donné l'exiften-
Tce, il fuffira de nous tranfporter un inftant au milieu des anciens témoins des
calamités du Monde, d'examiner comment ils en étoient alors affectés, de
remarquer les impreffions naturelles
que ces défaftres devoient produire en
eux, & les fentimens dont ils devoient
être pénétrés, nous appliquerons enfuite ces mêmes fentimens & les fuites naturelles de ces impreffions à
tous les ufages de l'Antiquité, c'eft-
à-dire à la police & aux loix anciennes, à tous les cultes, à tous les
Gouvernemens, enfin à toute la conduite & à toutes les opinions du genre humain, dans tous les fiecles que
nous

nous pouvons connoître. Tel va être le moyen avec lequel nous réfoudrons facilement une multitude d'énigmes & de problêmes; leur folution offrira de nouvelles fciences au Monde , & dévoilera à nos yeux furpris une antiquité toute nouvelle.

Avant d'entrer dans cet examen , je dois prévenir que l'on doit bien fe garder d'imaginer que le genre humain, dans les temps où nous voulons l'étudier, & comme le furprendre, ait été différent du genre humain d'aujourdhui; c'eft une erreur dont il faut fe défaire. Six ou fept mille ans d'intervalle, que l'on met communément entre les premiers hommes connus & ceux de notre âge, ont fait fuppofer à un grand nombre de Sçavans qu'il pouvoit & qu'il devoit y avoir entr'eux & nous des différences très-marquées. Il eft arrivé de là que dans les queftions philofophiques qui les ont concernés, nous avons été portés à en augmenter

C

les difficultés en raison de l'éloigne-
ment des temps, & que nous les avons
réellement augmentées, parce que nous
nous sommes écartés de nous-mêmes,
qui reſſemblons à nos peres, comme
nos peres nous reſſembloient; toute la
différence qu'il doit y avoir entr'eux
& nous, ne conſiſte que dans quelques
inventions & dans quelques connoiſſances que nous avons acquiſes depuis eux;
à l'égard de certains ſentimens ou préjugés naturels, & de certaines idées
qui font preſque identifiées avec l'eſprit
& le caractere de l'homme, & qui le
ſaiſiſſent malgré lui en de certaines oc-
caſions, nous devons être ſûrs que les
anciens ont été les mêmes que nous;
ils ont penſé, ils ont ſenti comme nous,
& comme nos neveux penſeront &
ſentiront dans des milliers de ſiecles,
s'ils ſe trouvent dans des circonſtances
propres à faire naître ou à réveiller ces
idées & ces ſentimens.

Actuellement prévenus de cette reſ-

semblance; pour nous tracer une image des impreſſions qu'ont faites les malheurs du Monde ſur ceux qui en ont
été les témoins, il doit nous être égal
de nous tranſporter au milieu d'eux,
en nous repliant ſur nous - mêmes, ou
de ſuppoſer que ces malheurs arrivent
de nos jours, & que nous ſommes témoins de toutes les mêmes calamités
qui ont autrefois ravagé l'Univers, &
preſque anéanti le genre humain.

Que penſerions-nous donc, ſi le Soleil éteint ceſſoit de donner ſa lumiere?
ſi les forces exaltées de la Nature chan-
geoient ſon harmonie en un nouveau
cahos, ſi les mers inondoient les terres? ſi les terres ſe ſoulevoient con-
tr'elles? Que dirions-nous ſi des milliers de volcans s'embraſoient de toutes parts? ſi le feu le ſouphre, le bi-
tume s'élançoient par torrens du ſein
des montagnes, ſi la plupart des Continens briſés s'enfonçoient ſous nos pieds?
Que penſeroit enfin le genre humain

d'aujourdhui s'il fe trouvoit au milieu de tant de fléaux & de tant de défolations ? Il ne faut pas beaucoup de Philofophie & de Métaphyfique pour le deviner. Il croiroit être à la fin du Monde; il s'imagineroit être au jour de la juftice & de la vengeance; il s'attendroit à chaque inftant à voir le Juge Suprême venir demander compte à l'Univers, & prononcer ces redoutables arrêts que les méchans ont toujours craints, & que les juftes ont toujours attendus. Tels font les fentimens dont on feroit alors faifi & occupé. Ces dogmes facrés de la fin du Monde, du Jugement dernier, du Grand Juge, & de la vie future, fe retraceroient avec force à notre efprit ; & affecteroient profondément & généralement tous les habitans & toutes les Nations de la Terre. Ces mêmes dogmes affecteront un jour nos neveux, s'ils fe trouvent dans ces fatales circonftances : ce font eux qui ont affecté pareillement nos peres, quand ils ont vu cesser la primitive harmonie de l'Univers.

On trouvera peut-être ces idées ou trop simples ou trop composées pour les temps où je viens de me transporter. On voudroit sans doute que je pénétrasse dans l'esprit humain, pour y chercher comment ces idées ont pu y naître une premiere fois : c'est un travail que je laisse à d'autres ; ils peuvent philosopher tout à leur aise sur les opinions de ces instans de terreur, qui ne font point ceux de la Philosophie. Il me suffit ici de savoir que ce font ces dogmes qui ont vivement agi sur l'esprit & sur le cœur des hommes, dans toutes les situations extrêmes de la Nature. Passons aux suites bonnes & mauvaises qu'ont eu ces impressions.

SECTION V.

Premiers effets des impreſſions des malheurs du Monde ſur la Religion & ſur le Gouvernement des hommes.

IL faudroit peu connoître les hommes, pour douter que dans des temps auſſi malheureux, & dans les premiers âges qui les ont ſuivis, ils n'ayent été très-religieux, & que ces calamités ne leur ayent alors tenu lieu de Miſſionnaires ſéveres & de puiſſans Légiſlateurs, qui auront tourné toutes leurs vues du côté du Ciel, du côté de la Religion, & du côté de la Morale. Cette multitude d'inſtitutions auſteres & rigides dont on trouve de ſi beaux veſtiges dans l'hiſtoire de tous les peuples fameux par leur antiquité, procede vraiſemblablement de cette ſource; il en doit être de même de leur police. C'eſt ſans doute à la ſuite de ces temps déplorables qui avoient réduit l'efpece humaine, renverfé fon féjour, & détruit fa fubfiftance, qu'ont dû être faits ces réglemens admirables, que nous trouvons chez les anciens peuples, fur l'agriculture, fur le travail & l'induftrie, fur la population, fur l'éducation, & fur tout ce qui concerne l'œconomie civile & domeftique.

Ce fut fans doute alors que l'unité de principe, d'objet & d'action, s'étant ranimée parmi les mortels réduits à un petit nombre & preffés des mêmes befoins, les premieres, de Loix domeftiques devinrent la bafe, ou pour mieux dire, les feules Loix des Sociétés, ainfi que nous le prouvent toutes les anciennes légiflations. Comme la guerre forme des Généraux & des foldats, comme les troubles & les agitations forment de grands Orateurs, de même les maux extrêmes du genre humain, & la grandeur de fa mifere & de fes néceffités, ont donné lieu aux Loix les plus fimples & les plus sages, & à toutes les légiflations primitives, qui ont eu principalement pour objet le vrai & le feul bien de l'humanité. Dans ces momens critiques, l'homme devenu fage & raifonnable par fes malheurs, ne s'eft point conduit par la coutume, comme il pouvoit faire auparavant, ou comme nous faifons aujourdhui; il a été forcé de réfléchir & de penfer par lui-même, & de pourvoir à fon bonheur par les inftitutions les plus folides & les plus utiles.

C'eft à ces anciennes Loix, fruits heureux des malheurs du Monde, que les Chinois & les Egyptiens ont dû le nom de *Sages*, qui leur a été donné par toutes les Nations anciennes & modernes. Nous ne devons point croire, cependant, qu'ils ayent été les feuls qui fe foient alors prefcrit une police & des Loix; c'eft vraifemblablement parce qu'ils les ont plus long-tems confervées que les autres peuples, & qu'ils ont foutenu avec plus de refpect & de foin l'édifice de la législation primiti-ve, ainfi que leur hiftoire nous le con-firme. Peut-être pourroit-on regarder le rare & fingulier privilege des Chi-nois & des Egyptiens comme un indi-ce que l'un ou l'autre de ces deux peu-ples a été la tige commune des Natiors, depuis le renouvellement du Monde. Une foule d'anecdotes hiftoriques, de fimilitudes & de convenances, y ont déja porté quelques Ecrivains plus har-dis que les autres; mais plufieurs mo-tifs auffi forts & auffi folides que les leurs m'ont obligé de fufpendre mon jugement.

Il eft difficile, par exemple, de fe perfuader que, quelle grande qu'ait été autrefois la deftruction de l'efpece humaine, il ne s'en foit echapé qu'une fociété, & en un feul lieu de la Terre; ces événemens deftructeurs, tels que nous devons raifonnablement les con-cevoir, fans avoir égard aux préjugés

reçus, ont dû épargner dans presque
tous les climats quelques-uns de leurs
anciens habitans, sur-tout dans les régions élevées, qui ont dû être les re-
fuges & les berceaux des sociétés renouvellées, bien plutôt que les contrées basses de la Chine, de l'Egypte
ou de l'Assyrie. Je pourrois réunir diverses preuves que les hommes ont demeuré long-temps dans les montagnes
après ces événemens, & que plusieurs
sociétés qui se sont rencontrées par la
suite ne se devoient rien l'une à l'autre dans leur origine. Mais sans nous
écarter de cette recherche, le titre
d'*Autochtone* (mére d'elle-même) dont
toutes les Nations anciennes étoient
si jalouses, suffit pour nous donner
à penser, & je regarde encore comme
une très-forte preuve de la multipli-
cité des témoins des révolutions arrivées à la Terre, la diversité même
des traditions sur le déluge, dans chacune desquelles j'ai très-souvent remar-

qué des détails & des anecdotes qui ont un rapport évident au local & au phyfique des lieux qui les ont con-fervées.

D'après cette remarque, l'état de la Chine & de l'Egypte pourroit nous faire foupçonner que ces divers débris des Nations primitives difperfées en différentes régions, n'ont point tous eu la même fagacité à pourvoir à leurs befoins; mais c'eft ce qu'il me paroît encore difficile d'admettre, n'y ayant point de peuple fur la Terre, qui, dans un degré inférieur, à la vérité, aux Chinois & aux Egyptiens, ne puiffe nous montrer des reftes de fes anciennes inftitutions. Je n'en excepte pas même les Sauvages de l'Amé-rique, ainfi qu'on le verra dans la fui-te de cet Ouvrage. Comme les mal-heurs du Monde avoient été communs & généraux, tous les peuples de la Terre ont dû être vivement intéreffés à y remédier; & quoique féparés, ils

ont dû le faire par des moyens affez
femblables , parce que les fentimens
& les befoins devoient être auffi uniformes que les maux qui les avoient
fait naître.

Cette confidération m'a paru très-
propre à rendre raifon des fimilitudes
que l'hiftoire nous fait remarquer entre
des peuples très-différens & très-éloi-
gnés, auxquels fans cela il faudroit néceffairement accorder une commune o-
rigine , en franchiffant beaucoup d'autres difficultés hiftoriques & phyfiques.
Si cependant les Egyptiens & les Chinois ont eu par la confervation de leur
légiflation primitive une diftinction particuliere, cette exception ne doit point
nous furprendre ici, fi nous nous rap-
pellons que l'amour qu'ils ont eu pour
les Loix de leurs ancêtres les avoit portés dès la plus haute antiquité à fermer
l'entrée de leurs Etats à tous les étrangers, & que leur fituation a beaucoup
favorifé la manutention de cette Loi con-

fervatrice de toutes les autres.

Cette même remarque nous découvre
en même temps les caufes de la deftruction de l'ancienne légiflation, ou de fa
corruption dans toutes les autres contrées qui n'ont point eu une loi de barriere femblable, ou qui n'ont pu , à
caufe de leur fituation , la maintenir
auffi long-tems, & réfifter aux Colo-
nies, aux invafions & aux guerres, qui
par la fuite ont changé la face de la
Terre & le fort des Nations. J'ai tout
lieu de croire que cette Loi contre le
Commerce du dehors a été prefque générale dans fon origine. Les mots d'E-
trangers & d'Ennemis ont été très-
long-tems fynonimes chez plufieurs peuples de l'Afie & de l'Europe. La barbare coutume de facrifier les Etrangers
n'a guères pu provenir que de cette Loi
févere, qui a dû être univerfelle, puifque le cruel abus qu'on en a fait fe trouve chez tous les peuples. Cette Loi de
barriere n'a point fait partie de la pre-

miere législation, puisqu'elle étoit contraire à son esprit général ; nous verrons quel en a été l'esprit & la cause.

Quoi qu'il en soit, nous trouverons les traces des institutions du Monde renouvellé, sur tel siecle & sur tel climat que nous jettions les yeux. Les Etrusques, les Phrygiens, les Hébreux & les Perses sur-tout, en avoient conservé des restes précieux. Il n'est point de Nation dans l'Asie moderne qui ne puisse encore nous en montrer quelque vestige. Les Péruviens & les Mexicains, au temps où on les a découverts & détruits, avoient des Loix & des usages qui ne devoient avoir d'autre datte que celle de la législation primitive; & ce que ces Américains ont eu de particulier, c'est qu'ils étoient plus en état alors d'expliquer les vrais motifs de ces usages, que les Hébreux, les Grecs & les Romains, qui en avoient de semblables, & qui ne les ont interprétés que par des fables & des menſonges ; nous en verrons pluſieurs exemples très-remarquables.

Pour terminer cette ſection par une obſervation non moins ſinguliere, je préviendrai que dans l'étude qu'on pourra bien recommencer un jour de toute l'hiſtoire ancienne, la véritable meſure de l'antiquité de tous les Peuples & de leurs Loix civiles & religieuſes, ne ſera plus celle de leur chronologie, mais une meſure morale, qui ſera toujours proportionnée aux reſtes plus ou moins nombreux & plus ou moins purs qu'on y trouvera de la légiſlation du Monde renouvellé. Plus le tableau des Nations s'eſt étendu & détaillé à mes yeux, & plus je me ſuis apperçu, qu'il ne faut plus juger de leur antiquité par leurs coutumes. J'ai vu que les coutumes appartenoient aux peuples, & que les hiſtoires n'appartenoient qu'aux particuliers ignorans & menteurs qui les avoient faites. Le Gouvernement Chinois, par exemple,

en fe conduifant encore aujourdhui a-
vec cet efprit d'émulation & d'œconomie qui anima les triftes & malheureufes familles autrefois échapées du bou-
leverfement de la Terre, nous préfente par là le véritable fceau de fa profonde antiquité. Ce ne font point fes
Dynafties & fes prodigieufes annales,
par lefquelles il en faudra dorefnavant
juger; ces prétendus titres ne contiennent que des fables mythologiques. Il
en eft de même de tous les autres peuples qui ont vanté leurs Archives civiles & facrées.

SECTION VI.

*Principes des premieres inftitutions reli-
gieufes, & erreurs qui font forties de
l'abus qu'on en a fait.*

APrès que la fermentation de la terre fut calmée, & que les débris du
gen-

genre humain fe furent affemblés en diverfes contrées pour former de nouvelles fociétés, & s'aider réciproquement à fupporter leurs maux & à pourvoir à leurs befoins, les hommes ayant devant les yeux le grand fpe&acle de l'Univers détruit & rétabli, & dans le fond de leurs cœurs tous les dogmes facrés qui étoient inféparables de ce fpe&acle, établirent une Religion, dont les principaux motifs furent une reconnoiffance infinie envers l'Etre Suprême qui les avoit fauvés, & le défir d'en inftruire toutes les races futures.

Pour perpétuer la mémoire des révolutions arrivées, on inftitua des fêtes commémoratives, capables par les détails qu'elles repréfenteroient, d'entretenir fans ceffe les Nations de la fragilité de leur féjour, & de les avertir, par le tableau des viciffitudes paffées, de toutes les viciffitudes à venir. Les jugemens que Dieu avoit exercés fur la terre, y étoient repréfentés en même

D

temps comme des leçons fur les jugemens qu'il exerceroit un jour, &
le fouvenir des incendies paſſés devint
auffi le preſſentiment des incendies futurs. C'eſt de là que procede ce dogme univerſel de l'attente de la fin du
Monde par le feu; dogme connu &
reçu de la plus haute antiquité. Les
Hébreux & les Docteurs Orientaux
en faifoient remonter l'origine à Adam,
à Seth, & aux premiers Patriarches;
ce qui prouve que dans les plus anciens temps connus il étoit déja arrivé des embrafemens qui avoient donné lieu à cette crainte.

Ces commémorations ont encore fait
naître par la fuite des temps tous les
livrés prophétiques & apocalyptiques
qui ont fi fouvent troublé le repos des
humains. Les Payens les connoiſſoient
fous les noms d'*Oraclés Sibyllins* ou de
Livres Achérontiques, & les Hébreux
fous le titre de révélations faites à leurs
ancêtres d'avant & d'après le déluge.

* Tous ces peuples en ignoroient la véritable origine, parce que ces livres à la fin s'étoient dénaturés & corrompus. Ils les consultoient néanmoins dans tous les écarts de la nature, c'est-à-dire dans toutes les calamités publiques.

Il est encore très-probable que c'est de ce même fonds que les Hébreux ont tiré leurs Prophéties de Jérémie, d'Isaïe, d'Ezéchiel & d'autres; ils y appliquent sans cesse à leurs idées une foule de détails apocalyptiques, qui n'appartiennent visiblement qu'aux révolutions générales de l'Univers, dont on entretenoit primitivement les peuples aux jours de fêtes & d'assemblées, afin de contenir par la crainte ceux qui n'auroient point été contenus par les loix & par la raison.

La descente du Grand Juge, dont on avoit regardé tous les météores & les

* Les Juifs ont eu plusieurs révélations ou Apocalypses, attribuées à leurs premiers Patriarches.

D 2

phénomenes qui concourent à la ruine
du Monde comme les annonces & les
fuites, devint un dogme redoutable qui
en impofe à tous les hommes, & qui
les remplit d'une terreur religieufe;
cette idée fut fans ceffe rappellée & en-
tretenüe par les phénomenes acciden-
tels que la Nature la mieux réglée produifoit alors & produit encore tous les
jours. Cette venue du Grand Juge, an-
noncée par les météores, eft le dénoüe-
ment de tous les ufages obfcurs & extravagans que toutes les Nations ont
pratiqués, fans favoir pourquoi, à la
vue des Eclipfes & des Cometes, &
dans toutes les autres circonftances où
l'ordre naturel leur paroiffoit altéré ou
changé; comme elles avoient oublié
quels étoient alors les vrais motifs de
leurs allarmes, elles imaginoient des fables pour en rendre raifon, & elles outrerent & corrompirent des inftitutions
fenfées & très-religieufes en elles-mêmes. Je ne connois que les Péruviens

qui ne foient point tombés dans cet oubli; les Eclipfes du Soleil & de la Lune leur rappelloient encore le fouvenir des anciennes ténèbres qui avoient autrefois couvert la Terre après fon embrafement; ils expliquoient par là leurs ufages, & ils avoient raifon. Le même peuple regardoit cependant les Cometes comme les annonces de la mort ou de la naiffance des grands perfonges; & il fe trompoit en cela, comme tous les autres peuples qui ont été long-temps dans la même idée. Les Cometes n'avoient été regardées primitivement que comme les annonces de la ruine du Monde & de la venue du Grand Juge; elles avoient eu rapport à un fait général, mais chacun par la fuite n'y a plus été chercher qu'un fait particulier.

A la fuite de tous ces objets d'une crainte inftructive dont la Religion occupoit les hommes, elle leur offroit l'afpect confolant & flatteur de la vie

future & du regne des juftes, dans
un état de félicité, d'abondance & de
gloire, qui ne devoit plus être expofé
aux révolutions de la Nature. C'étoit
ordinairement par là que la Religion
terminoit fes fêtes, fes inftructions &
fes fpectacles ; car tous ces dogmes,
pour être rendus plus fenfibles, étoient
repréfentés par des fymboles & par des
cérémonies figurées. C'eft de l'abus
de ces repréfentations que font forties
les fables des *Jardins d'Adonis* & d'*E-
den*, des *Champs Elyfées*, du *Paradis
Terreftre*, &c. Les Poëtes & les Commentateurs ne les ont placées en tant
d'endroits divers, que parce que la
plûpart des anciens peuples avoient
chacun des lieux champêtres & déli-
cieux, où tous les ans ils alloient affif-
ter aux repréfentations figurées & myftiques des délices de cette vie célefte
qui doit fuccéder à celle du Monde ;
c'eft de là que provient au Japon le pé-
lérinage de la Province d'Isjé, que l'on

fait chaque année pour obtenir la ré-
miſſion de ſes péchés, & pour mériter
le bonheur à venir ; c'étoit l'objet des
proceſſions annuelles que faiſoient les
Athéniens au terriritoire d'Eleuſis ; les
Champs Elyſées n'ont point eu d'autre origine, les noms d'*Isje*, d'*Eleuſis*
& d'*Elyſée* ne ſont ſi viſiblement analogues, que parce que la vie future
étoit appellée les Champs *El-Iſis*, ou
la Terre de la Divine Iſis, nom que
l'on donnoit à la principale figure qui
en étoit le ſymbole.

L'objet de ces repréſentations parut
avec le temps ſi grand & ſi relevé, que
les Prêtres abandonnant au peuple l'extérieur de ces cérémonies, & le laiſ-
ſant le maître d'en penſer ce qu'il
vouloit, crurent devoir ne le révéler
qu'à un petit nombre de gens choiſis ;
c'eſt là ce qui donna lieu à tous les
myſtéres de l'Antiquité, connus ſous
les noms d'*Iſis*, de *Cérès*, d'*Oſiris*,
d'*Adonis*, &c. où l'on ne pouvoit être

admis qu'après de longues & d'aufte-
res préparations.

Quoique les détails de ces myfteres
ayent été généralement affez peu connus, il nous en eft cependant parvenu
quelques anecdotes, qui peuvent en
faciliter l'intelligence. En voici une
des myfteres d'*Adonis*, qui pour plus
d'une raifon mérite de trouver ici fa
place.

Je fuppoferai d'abord que le Lecteur
eft au fait de l'hiftoire d'*Adonis*. On
fait que ce Dieu Phénicien mouroit &
renaiffoit tous les ans. J'ajouterai,
pour plus d'éclairciffement, qu'il n'a-
voit été dans fon origine que le fymbole commémoratif du Monde anciennement détruit & renouvellé, & qu'il
étoit en même temps une image inftructive de fa deftruction & de fon
grand renouvellement futurs. Dans
une certaine nuit de la fête, où la repréfentation d'Adonis étoit dans un
tombeau, au milieu de l'obfcurité &

des lamentations, la lumiere paroissoit
tout à coup ; un Prêtre se montroit
avec un air de sérénité, & après avoir
fait une onction sur la bouche des Initiés, sans doute à cause du secret qui
leur étoit enjoint, il disoit à l'oreille
de chacun d'eux que le Soleil étoit venu, & que la délivrance étoit arrivée.
Cette grande nouvelle ramenoit l'allé-
gresse, & l'on célébroit la résurrection
d'*Adonis* par toutes sortes de réjouissan-
ces. * L'éxtérieur de cette fête étoit
connu & répandu, non-seulement en
Phénicie, en Egypte, mais aussi chez
les Grecs & les Romains ; on ne voyoit
dans les premiers jours que deuil &
qu'affliction ; on n'entendoit que les
cris funebres des pleureuses désolées, &
l'on ne rencontroit de tous côtés que
des tombeaux & des cercueils.

On peut juger par ce culte singu-

* Voyez *Jul. Firmicus*, & le Livre Anglois
qui a pour titre *Purcba's Pilgrimage*, lib. 1. c.
17. p. 90.

D 5

lier, & fur-tout par l'anecdote rappor-
tée ci-deffus, qu'un Chrétien qui auroit vécu mille ans ou plus avant la venue du Meffie, & qui fe feroit trouvé
à ces fêtes ou myfteres d'Adonis, eût
cru y voir la fin du Carême. Le Chriftianifme, comme on voit, date de fort
loin.

Mais revenons à nos anciennes inftitutions, dont toutes les folies anciennes & modernes n'ont été que les
fuites & les abus.

Toute la marche du Ciel, & l'harmonie rendue au Monde, furent pendant long-temps des motifs d'une reconnoiffance conftante & fans bornes
envers l'Etre Suprême; cependant,
comme fi cette Religion eût prévu ce
qui devoit arriver un jour, elle cherchoit dans cette harmonie même, le
fujet d'entretenir les hommes de leur
inftabilité, de peur que l'oubli du paffé, & l'habitude d'une félicité perma-
nente, n'éteigniffent cette crainte fa-

lutaire du Grand Juge, qu'il étoit important de conferver. Elle faifoit donc
des leçons de tout ; le déclin du jour
& le coucher du Soleil lui rappelloient
les anciennes ténèbres, la fin de l'ancien Monde, & la fin future du Monde préfent. Le lever de l'Aurore devint pour elle l'image de l'ancien &
du futur renouvellement, auffi-bien
que du lever du Grand Juge en faveur
des juftes ; c'eft de là que toutes les
anciennes fêtes commençoient par la
trifteffe & finiffoient par la joie ; elles
commençoient au coucher du Soleil
pour finir à l'autre coucher. * C'eft
enfin de là que l'homme idolâtre cou-
rut enfuite confulter tous les jours l'Aurore ou le Soleil levant, & que généralement les peuples ont par toute la
Terre tourné vers ce côté les portes de

* L'ufage ancien & prefque univerfel qu'ont
eu les Nations, de compter par les nuits & non
par les jours, tire de là fon origine. Le jour
facré ou Eccléfiaftique, commence encore chez
nous par le foir.

tous les Temples, s'imaginant que le Soleil & le Grand Juge viendroient du côté de l'Orient.

La fin & le commencement des périodes des Aftres & des Planetes devinrent par le même efprit l'occafion & le fujet de femblables leçons. Les quatre changemens de la Lune de chaque mois, la variété des quatre faifons de chaque année, étoient de trop vivés images de l'inftabilité de l'Univers, pour ne pas les regarder comme des fignaux inftructifs.

Tous les peuples eurent donc quatre fêtes dans le mois, & quatre fêtes plus folemnelles dans l'année; pendant lefquelles, à l'occafion de ces mutations lunaires & folaires, on rappelloit aux peuples affemblés, que tout avoit changé, & que tout changeroit encore un jour.

Les fêtes qui avoient rapport au renouvellement des périodes aftronomiques, étoient des fêtes de réjouïffan-

ces, & celles qui avoient rapport à leur
déclin, n'étoient que des fêtes de deuil
& de pénitence.

Comme le mois périodique de la
Lune eſt de près de vingt-huit jours,
on devine aiſément que ce doit être ici
la raiſon pour laquelle les fêtes lunaires ont été eſpacées de tout temps de
ſept en ſept jours, & que ce doit être
auſſi de ce que ces anciennes ſolemnités étoient réglées par le nombre lu-
naire, qu'eſt ſorti le reſpect qu'ont eu
généralement toutes les Nations pour
le nombre ſeptennaire. La ſucceſſion
de nos fêtes n'a pas pu dépendre, en
effet, d'aucun autre événement ni
d'autre raiſon, puiſque les quatre ſolemnités du mois étant aux quatre Phaſes lunaires ce que les quatre ſolemnités annuelles ſont aux quatre Phaſes
ſolaires, il faudroit ridiculement en
conclure que les fêtes ont réglé le
cours des Aſtres, tandis que le bon
ſens nous dit que ce ſont les Aſtres qui

doivent régler les fêtes. Quoique les Hébreux prétendent que l'œuvre de la Création, opérée en sept jours, est le motif & l'origine des fêtes septennaires, nous voyons cependant au premier chapitre de leur Genèse, que le Soleil & la Lune ont été créés pour indiquer & régler les fêtes & les jours d'assemblées. Comment expliquer cette contradiction, à moins que d'être assez stupide pour imaginer que Dieu a bien voulu mettre dans ses ouvrages un rapport astrologique?

L'usage qui fut établi dans les temps primitifs, d'entretenir ainsi les hommes du renouvellement & de la ruine du Monde, à la fin & au commencement de toutes les Phases & de toutes les Périodes astronomiques, fut la source innocente d'une infinité d'erreurs, lorsqu'une fois le souvenir du passé se fut affaibli, & lorsque les motifs de ces instructions périodiques furent corrompus & inconnus.

En voyant ces commémorations ramenées & toujours indiquées par le nombre *sept*, on pensa qu'il avoit quelque vertu secrette, & quelque rapport mystérieux avec l'origine, l'existence & la durée du Monde.

Les uns imaginerent qu'il avoit été créé ; d'autres qu'il avoit été renouvellé ; & plusieurs qu'il avoit été jugé en sept jours. Toutes ces différentes opinions se trouvent chez les Hébreux, comme on peut le voir dans la note ci-bas. *

* En général les Hébreux ont apellé les sept jours de la semaine, les sept jours de la *Création* ; néanmoins ils ont nommé le septieme jour, pendant lequel ils célébroient cette prétendue Création, du nom de *Sabbath*, qui est aussi le nom du premier mois de leur année solaire. Sa véritable racine hébraïque ne signifie point *repos*, mais *retour renouvellement* ; ainsi cette fête de la Créat. ne pouvoit être que la fête du renouvellement du Monde. Les Pseaumes 36. & 92. qui étoient consacrés au souvenir du Sabbath, suffisent pour découvrir l'erreur des Hébreux ; le premier n'offre rien qu'un tableau de miséres & d'afflictions ; il ne fait entendre que des cris pitoyables qui ne conviennent ni à David, ni à la Création, ni au Sabbath de la façon

Le souvenir du renouvellement de
la face de l'Univers, s'étant éteint ou
con-

qu'ils le concevoient, mais au jour de la destruction du Monde, aux *Osiris* & aux *Adonis* symboliques du Monde détruit & du Soleil éteint.
Le Pseaume 92. dont le titre a pareillement rapport au Sabbath, ne nous offre qu'une peinture
du Déluge & du rétablissement de la Terre.
L'auteur du Livre de Job, dans cette magnifique description qu'il donne au chapitre sixieme
des œuvres de la Création, y rappelle la *défaite
des Géants qui gémissent sous les eaux.* On voit
la même ambiguité dans le chapitre quatorzieme
du Livre de la Sagesse : *C'est ainsi*, y est-il dit,
*qu'au commencement du Monde, quand vous fites
périr les Géants superbes, un vaisseau fut l'asile
& le dépositaire des espérances de l'Univers.* On
voit donc par ces différens passages, que le
Monde créé, & le Monde renouvellé y sont
toujours confondus. D'après ces variétés on
explique aisément un autre endroit du quatrieme Livre d'Esdras, *Chap.* 7. *vers.* 30. & 31.
qui a été jusqu'à présent inexplicable. Après
avoir annoncé que les horreurs de la fin du
Monde sont prochaines, le Prophete ménace
les pécheurs, & leur dit : que le *Monde va rentrer
dans le cahos des sept jours, comme il est arrivé
dans les anciens jugemens.* Singuliere opinion
qui nous fait connoître que les sept jours de la
Création ou du renouvellement du Monde ont
encore été regardés comme les sept jours des
anciens jugemens de Dieu ; aussi trouve-t-on
quelque part dans l'Ecriture, *Je vous ai loué sept
fois le jour à cause des jugemens de votre justice.*

considérablement obfcurci, la mémoire de l'ancien Monde s'éteignit de même nécessairement, & l'on ne penfa plus qu'à celui dont on avoit la jouiffance. Lorfque par la fuite des temps l'on eut affez de loifir pour réfléchir fur fon antiquité, les fentimens ne purent qu'être fyftématiques & très-partagés ; on lui donna donc plus ou moins d'antiquité, à proportion du plus ou du moins d'idées qu'on avoit confervées du paffé; cela produifoit cette étrange diverfité que nous remarquons dans la Chronologie des anciens peuples. Comme il eft naturel de compter pour rien ce qu'on ne connoît pas foit dans la Nature, foit dans la vafte profondeur des temps, bientôt on fauta par-deffus les fiecles inconnus; on ofa fixer l'inftant précis de la premiere exiftence du Monde, & l'on confondit l'ancienne époque de fon rétabliffement avec l'époque encore plus fombre & plus inconnue de fa Créa-

tion primitive. D'où il arriva que
lorſqu'on voulut deviner les détails de
ce premier de tous les événemens, pour
les mettre à la tête des Annales du
Monde, que l'impoſture imagina, comme les hommes n'ont pu & ne
pourront jamais ſe repréſenter les opé-
rations ſurnaturelles d'un Dieu Créateur & Architecte de l'Univers autrement que par des analogies groſſieres,
on ne dépeignit cet acte ſublime & in-
compréhenſible qu'avec des couleurs
ſouillées par des idées que fourniſſoit
encore un ſouvenir ténébreux & corrompu, des grands déſordres arrivés
lors du changement de l'ancien Monde, & l'on ne put diſpoſer les faits &
leur ſucceſſion autrement que ſelon les
regles, ou plutôt ſelon les chimeres
extravagantes de l'Aſtrologie judiciai-
re; ſcience ridicule qu'eut bientôt fait
naître l'attention primitive qu'on donnoit à tous les mouvemens céleſtes, que
l'on crut ſi intéreſſans pour le repos

& la tranquilité des nouvelles Sociétés. *

* Les folies de l'Aftrologie ont été inventées
avant le fyftéme de la Création des Hébreux,
cela eft vifible par les rapports qu'on peut remarquer entre les diverfes opérations des fept
jours & les prétendues vertus & propriétés aftrologiques des fept Planetes. 1. Le jour auquel le
Soleil préfide, la lumiere fut faite. 2. Le jour
de la Lune fut celui où le Firmament, l'Athmofphere furent faits, & où la divifion des eaux
fupérieures & des eaux inférieures fut marquée,
parce que la Lune préfide à l'Athmofphere, &
qu'elle eft regardée comme une Planete humide
& aquatique. 3. Le jour de Mars, comme c'eft
une Planete réputée charnelle, brutale & groffiere, l'aride parut & fut appellée Terre. 4. Eft
le jour de Mercure. Mercure a toujours été
regardé comme le Miniftre des Dieux, comme
l'Entremetteur & le Meffager du Ciel aux Enfers, & des Enfers au Ciel : ces attributs lui
proviennent de ce qu'anciennement il avoit été
l'annonce fymbolique des Fêtes, & l'emblême
du commerce des mortels avec les Dieux par
leur culte & leurs prieres. C'eft là, fans doute,
la raifon pour laquelle il eft dit que les fignaux
des Fêtes & des Affemblées, (le Soleil & la
Lune) furent placés ce jour-là dans le Ciel. 5.
Le jour de Jupiter, comme c'eft la Planete de
l'air, & l'abondance multipliée, felon l'Aftrologie, il a bien fallu que les oifeaux ayent été
créés dans l'air & les poiffons dans la Mer, lors
du cinquieme jour. 6. L'Homme & la Femme
créés le jour de Vénus, ne demandent point
d'explication. 7. Dieu enfin s'eft repofé le jour

E 2

Telles font les fources de ces ténebres, de ce cahos, de ce mélange primitif des Elémens & de cet état de confufion qu'on a toujours dit avoir précédé la naiffance du Monde.

L'abfurde cahos n'a jamais exifté que dans la tête de ceux qui avoient oublié l'Antiquité. C'eft de là que font forties ces hiftoires frivoles & ridicules de tous ces combats divers, antérieurs à l'origine de toutes chofes, de la lumiere contre les ténebres, des Anges contre les Démons, du bon contre le mauvais Principe, de Lucifer contre Dieu, du Soleil contre la Lune, des Géans contre les Dieux, de Typhon contre Ofiris, & plufieurs autres de cette efpece. *

de Saturne, Planete fombre & taciturne, qui tranche tout & ne produit rien, dit l'Aftrologie.

* C'eft une chofe remarquable dans les Annales du Monde, recueillies par Sanchomaton, dont Eufebe nous a confervé les précieux fragmens, que cet Auteur n'y parle en aucune façon du Déluge; ce qui lui a attiré bien des reproches de la part des Docteurs Chrétiens. Mais

Le nombre *sept* étant ainsi devenu
un nombre plein de vertu & de mystere, on respecta, non seulement le septieme jour, mais encore la septieme
semaine, le septieme mois, la septieme année, la septieme semaine de
mois & d'années. La fin du Monde fut
toujours attendue après des Périodes
Sabbatiques; les Manichéens, d'après
une infinité d'anciens peuples, l'attendoient le septieme jour de chaque se-

si l'on examine le détail qu'il nous donne de la
Création, on y reconnoîtra aisément que ce ne
sont les détails que d'une véritable révolution;
& l'on peut faire la même remarque dans les
Anecdotes de tous les prétendus ancêtres qu'il
donne au Genre Humain : il ne parle pas du Déluge. L'Auteur des Annales Hébraïques, qui
nous fait l'histoire d'une Création & d'un Déluge, a commis une faute bien plus grossiere : sa
Création n'est que le Déluge, son Déluge n'est
que sa Création ; ces deux événemens ne sont
réellement dans la Genese qu'un double emploi
d'un seul & même fait, considéré sous deux
points de vue différens ; l'un naturel qu'il a placé en second, & l'autre astrologique, systéma-
tique, ou mystique, comme on voudra le nom-
mer, qu'il a placé en premier. Cette remarque
donne la solution des causes qui ont produit les
différentes Chronologies des Hébreux & des Sa-
maritains.

maine ; les Mexicains, à la fin de chaque femaine de femaines d'années ; &
tous les Docteurs orientaux, à la fin
des femaines de centaines ou de milliers d'années. Enfin ce nombre, &
plufieurs autres encore, auxquels on
attribua des vertus femblables, devinrent, par le mêlange de toutes les idées
primitives, outrées & corrompues,
pour les uns, des termes divins & heureux, pour les autres, des termes redoutables & funeftes, dont une multitude
de Rabbins, de Cabaliftes, d'Aftrologues, de Prophetes, & d'autres têtes creufes & fuperftitieufes ont abufé
dans tous les temps avec la derniere
extravagance, & fouvent aux dépens du
repos & du bonheur du Genre Humain.

A cette attente de la fin du Monde, qui, d'un dogme religieux devint un dogme plein de folie & de
fuperftition, nous avons dit que la
Religion joignoit primitivement ceux
qui concernoient la defcente du Grand

Juge, & la vie future. Comme ces trois dogmes étoient inséparables, les erreurs provenues de l'abus qu'on en fit furent aussi inséparables. Les révolutions périodiques des années, les Météores, & tout ce que l'ignorante Antiquité appelloit les signes du Ciel, au lieu d'être, comme par le passé, les annonces des instructions qu'on devoit alors donner aux hommes, ne furent plus que les annonces de l'arrivée de Rois Conquérans, de Légiflateurs, de Prophetes, & d'autres Personnages Chimeriques, que l'on attendit au lieu du Grand Juge, dont l'attente primitive fut corrompue & personifiée : ces signes du Ciel ne furent plus les annonces du Jugement dernier & de la vie future, mais du sort & des révolutions des Empires, & des grands changemens politiques qui devoient arriver, disoit-on, parmi les Nations, & même dans les familles.

Par-là, l'imagination des hommes,

toujours fixée fur les Aftres, donna
lieu à des révolutions civiles & religieufes fur la Terre, quand elle crut
en avoir apperçu d'aftronomiques dans
le Ciel; & l'impofture même en fup-
pofa dans le Ciel, quand il en arrivoit
de naturelles fur la Terre, ou lorfqu'elle vouloit y en faire naître afin d'en
profiter.

C'eft par ces fatales préventions que
l'efprit humain s'eft trouvé difpofé,
depuis une infinité de fiecles, à être la
dupe, le joüet, & la victime de tous
les fanatiques & de tous les impofteurs, qui ont eu l'adreffe de faire tomber fur eux les regards des Nations,
toujours remplies d'une efpérance va-
gue & d'une attente indéterminée.

Je n'oublierai point ici des inftitutions de la Religion primitive, dont
la connoiffance peut jetter un grand
jour fur une multitude d'ufages, la plupart obfcurs & corrompus, que l'Antiquité nous préfente dans fes fêtes, &

dans ſes ſolemnités. Cette Religion eut un ſoin particulier d'entretenir le ſouvenir de la miſere des premiers hommes, c'eſt-à-dire, de ceux qui avoient été les témoins malheureux de la ruine de l'Univers; dans cette intention elle obligeoit en certains temps de mener une vie errante, de ne ſe vêtir que de peau, de ne manger que des fruits ſauvages, de demeurer dans des bois, des bocages, & des cavernes.

C'eſt de là, en partie, qu'ont dû venir les Orgyes & les Bacchanales du Paganiſme, & diverſes fêtes des Hébreux, qui y avoient tant de rapport pour l'extérieur. Mais tous les peuples avoient perdu de vue leurs anciens & véritables motifs. On retrouve cependant encore quelques précieux reſtes de ces commémorations chez les Payens. Il y avoit à Athenes & en Syrie, comme on le voit dans Plutarque & dans Lucien, des fêtes funebres qu'on y célébroit encore du temps de

Sylla, en mémoire de ceux qui étoient péris dans les déluges d'Ogyges & de Deucalion. Si on étudie la plupart des fêtes des Manès & des Lemures chez les Grecs & chez les Romains, on y retrouvera encore cet ancien motif, aussi-bien que dans plusieurs autres jeux ou spectacles funebres qui se représentoient par coutume & sans trop sçavoir pourquoi.

Les fêtes du Soleil, qui s'appelloient en Perse les *Mémoriaux*, * avoient sans doute la même origine. Les Japonois sçavent encore que toutes leurs fêtes n'étoient autrefois que des jours de deuil & de lamentations ; je soupçonne même que le culte des Ancêtres qui y est établi, aussi-bien qu'à la Chine & dans d'autres lieux de l'Asie, n'a point d'autre source. Les Lettrés de Tonquin, dit le Pere Tissannier dans la relation de cette contrée, adorent à tou-

* Voyez *Selden*, *Préface des Dieux de Syrie.*

tes les nouvelles Lunes les ames des Ancêtres qui font autrefois morts de faim : rien fans doute ne juftifie mieux nos foupçons. Dans l'ifle de Samothrace, il y avoit auffi du temps de Diodore de Sicile * des fêtes annuelles de ce genre, que l'on y célébroit encore, en allant fur toutes les hauteurs remercier les Dieux de l'ancienne délivrance des eaux du déluge; & j'ai reconnu que le culte idolâtre, qui a été rendu à tant de montagnes, n'avoit été qu'une des fuites de la reconnoiffance que les peuples avoient confervée pour les afiles qui avoient fauvé les débris du Genre-Humain.

Enfin la commémoration des révolutions de la Nature, foit par l'eau, foit par le feu, a été l'intention originelle & l'objet primitif de toutes les fêtes de l'Antiquité, quelles qu'elles foient, & chez quel peuple que nous jettions les yeux. En les confidérant à

* *Liv. V.*

l'avenir fous ce point de vue, & en les comparant & les conciliant les unes a- vec les autres, elles n'auront plus pour nous de myſtere & d'obſcurité ; elles nous dévoileront la véritable hiſtoire du Monde, qui ne s'eſt conſervée que par-là. L'on ſçaura, par exemple, à quels événemens doivent ſe rapporter les commémorations que faiſoient les Egyptiens des malheurs d'Oſiris ; cel- les que faiſoient les Hébreux des miſe- res qu'ils diſoient avoir ſouffertes en E- gypte & dans les déſerts. On ne ſera point embarraſſé de ſçavoir de quel fait & de quel temps il faut rapprocher la vie frugale qu'obſervent en de ceitains temps les Japonois, qui ne mangent, en mémoire de leurs Ancêtres, que des coquillages ; & l'on apprendra pourquoi leurs ſpectacles & leurs théâtres ne re- préſentent alors que des cabanes & des chaumieres miſérables. Alors on ramé- nera avec facilité tous ces uſages à la même ſource d'où les Egyptiens, les

Grecs, les Siciliens, les Romains a-
voient tiré certaines fêtes de Bacchus &
de Ceres, où ils repréfentoient l'ancienne façon de vivre de leurs peres, lorfqu'ils menoient, difoient-ils, une vie
errante & fauvage. Il en fera de même
de nos ufages d'Europe, foit religieux,
foit populaires; ce grand & nouveau
point de vue les éclaircira tous un jour,
& fera tomber l'illufion par laquelle le
menfonge & l'ignorance nous en ont
caché depuis tant de fiecles les vrais
principes & la véritable origine.

Je ne finirois point, fi à l'occafion
de ces inftitutions primitives j'entre-
prenois de détailler tous les maux &
toutes les différentes erreurs qu'a produit l'abus général & univerfel qu'on
en a fait, quoique toutes les inftitutions & les dogmes qui en étoient les principes fuffent raifonnables & fages, &
fi propres par eux - mêmes à faire le
bonheur des fociétés, en y maintenant
l'ordre & la police d'où ce bonheur

dépend. L'énumération de ces erreurs demanderoit un vaste champ, & elle contiendroit, d'ailleurs, une multitude d'autres objets qui n'auroient plus de rapport au notre.

Je n'ai insisté ici que sur les erreurs capitales qui font aujourd'hui comme la base de toutes les Religions du Monde; j'ai cru le devoir faire, tant parce que les systêmes politiques que nous voulons étudier en font dérivés, & y font encore étroitement liés, que parce que l'homme superstitieux & l'homme esclave font enchaînés par les mêmes entraves, & par les mêmes préjugés.

SECTION VII.

Principes des premieres Institutions Civiles & Politiques. Les hommes prennent le Gouvernement Théocratique.

LEs restes infortunés des Nations détruites furent quelque temps sans doute après le retour de la sérénité & de l'harmonie à ne former que des familles pénétrées de la crainte des Jugemens de Dieu, & toutes occupées du soin de remédier à leurs maux & de pourvoir à leur subsistance. Il n'y eut vraisemblablement alors parmi elles d'autre autorité que celle des peres qui rassembloient leurs enfans ; il n'y eut d'autre Loi que la raison ; & les besoins communs, qui étant, dans de pareilles circonstances, les mêmes que les besoins des particuliers, ne pouvoient être méconnus ni négligés.

Ce n'est point dans ces premiers momens qu'il faut chercher ces divers Gouvernemens politiques qu'on a vu par la suite sur la Terre ; ils n'ont pu commencer à y paroître que lorsque les familles primitives s'étant de plus en plus rapprochées & multipliées, formerent des sociétés nombreuses, auxquelles il fallut nécessairement un lien plus fort & plus frappant que dans les

familles, qui pût maintenir l'unité dont
on connoiſſoit tout le prix, & entretenir cet eſprit de Religion, d'œconomie, d'induſtrie & de paix, qui ſeul
pouvoit réparer les maux infinis qu'avoit ſoufferts la Nature Humaine. On
fit alors des Loix civiles œconomiques
& domeſtiques, pour inſpirer la frugalité, pour animer au travail, pour encourager les inventeurs, & pour hâter
ſur-tout les progrès de l'agriculture. On
régla la nature des devoirs & des ſe-
-cours qu'on ſe devoit réciproquement,
afin de prévenir les querelles, ou d'accorder celles qui pourroient naître ; on
indiqua les temps du travail & du re-
pos ; on donna une forme authentique
aux mariages ; on preſcrivit ſur-tout un
plan invariable pour l'éducation & pour
les mœurs ; on mit un ordre régulier
dans le culte extérieur, qui devoit ſans
ceſſe rappeller l'homme à la Divinité :
enfin, on mit le ſceau de l'approbation
publique à tous les uſages & à tous les

éta-

établissemens qui pouvoient intéresser la société, & vraisemblablement on décerna des peines contre ceux qui manqueroient à ces engagemens généraux & solemnels.

Ces divers réglemens furent dans les commencemens aussi simples que l'esprit qui les dicta, quoiqu'ils n'eussent point encore cette étendue qu'ont eue par la suite les Codes & les Législations de tous les peuples, ils n'en devoient être que plus sages, & tendoient plus directement au vrai bien du Genre-Humain. Il ne fallut point, pour en faire le projet, recourir à des Philosophes sublimes ni à des politiques profonds; la raison, la nécessité, & des besoins réels furent les seuls Législateurs qui les dictèrent. Quand on en rassembla toutes les parties, on ne fit qu'écrire ou graver sur le bois & sur la pierre ce qui avoit été fait jusqu'à ces temps heureux, où la raison des particuliers n'étant point encore différente

F

de la raison publique, avoit été la seule & l'unique Loi.

Pour le maintien de ces instructions,
qui devoient faire le bonheur général,
comme elles avoient fait le bonheur particulier des familles, lorsqu'elles n'é-
toient encore que des Loix domestiques,
on s'en rapporta, d'un consentement
unanime, aux Anciens réunis & aux
Chefs de ces mêmes familles, qui tous
devoient être les plus intéressés à veiller à la félicité & au repos d'une société qui les touchoit de si près. Ce n'est
point qu'ils fussent regardés dès-lors
comme les Rois & les Maîtres Souverains des Sociétés, mais c'est que leur
expérience, leur sagesse, leur âge, &
leur nom de peres, leur attiroit de la
part de tous un profond respect & une
vénération naturelle. Ils furent donc
choisis pour être les Ministres & les
Surveillans de la Société, & non les
Arbitres indépendans.

L'homme sçavoit alors qu'il y avoit

une Loi, une Raison publique, vis-à-
vis de laquelle ceux mêmes qui en font
les Miniftres ne font rien de plus dans
l'Etat que le dernier des citoyens. Con-
noiffant donc fes privileges à titre d'ê-
tre raifonnable & libre, l'homme en fe
prefcrivant des Loix civiles, n'eut jamais l'intention de fe mettre dans les
chaînes de quelques-uns de fes femblables ; & quoiqu'il fe captivât volontairement par les Loix, pour fe rendre
dépendant de la fociété où il trouvoit
fa fubfiftance & fon bonheur, il ne
voulut en même temps reconnoître au-
deffus d'elle d'autre Roi & d'autre Monarque que Dieu feul ; ce fut donc uniquement à lui qu'il foumit fa Légiflation nouvelle ; & qu'il fe foumit lui-
même.

Mais avant d'entrer dans l'hiftorique
de cette finguliere anecdote de l'hiftoire
politique des premiers hommes, retour-
nons un moment fur nos pas.

Je n'ai point cru devoir donner le dé-

tail de toutes les Loix domeſtiques, é-
conomiques & civiles qui formerent le
premier Code des hommes réunis en
ſociété; toute l'antiquité nous en inſtruit; elle parle ici pour moi, & l'hiſtoire de tous les anciens peuples, E-
gyptiens, Chinois, Indiens, Perſes,
Crétois, Etruſques, &c. nous doit
faire juger combien les premieres ſo-
ciétés furent parfaites du côté des
mœurs, de la diſcipline, & de la police. Nous pouvons même penſer que
ce que nous en ſçavons eſt encore infiniment au-deſſous de ce qui a été. En
effet les premiers temps connus de l'hiſtoire de ces peuples, ne ſont point réellement leurs premiers temps. La plupart de ces Nations n'ont été fréquen-
tées des autres, que lorſque la Loi qui
leur interdiſoit le commerce extérieur
s'eſt négligée; cette loi dont la ſévéri-
té a dû être long-temps en vigueur, in-
dique pour le temps même de ſon établiſſement une grande population, qui

avoit produit divers événemens confi-
dérables, & des diffensions fi oppofées
à l'ancienne union, qu'elles donnerent
lieu à cette Loi qu'on fut forcé de faire,
quoiqu'elle fût elle-même contraire à
la Légiflation primitive, fi remplie
d'humanité.

Nous ne devons donc regarder ces
anciens détails qui font parvenus jufqu'à nous fur les anciens Gouvernemens,
que comme des veftiges & des traces de
ce qu'ils avoient été dans une autre antiquité que nous ne connoiffons pas,
mais ce qui eft bien capable de nous la
faire connoître, & de parler en fa faveur, c'eft que ce font les feules traces
qui en reftent qui excitent encore nôtre admiration & notre furprife.

Ce que les Grecs ont écrit de la
police Égyptienne lorfqu'ils la connurent, pafferoit prefque pour une fable,
auffi-bien que l'éducation des anciens
Perfes, fi l'état préfent de la Chine n'é-
toit une preuve vifible & inconteftable

que de pareils Gouvernemens ont exifté. L'Egypte ne fut pas plutôt acceffible aux Nations voifines, qui depuis
long-temps avoient déja tout-à-fait corrompu leur Légiflation originelle, qu'elles s'enrichirent toutes de ce qu'en ref-
toit à ce peuple privilégié; par reconnoiffance elles lui donnerent d'une voix
unanime le nom de *Sage* ; nom qu'il
méritoit fans doute, puifque fes plus
cruels ennemis * ne purent le lui refufer.

Ce qui doit être fur-tout confidéré
dans ces premieres démarches du Genre-Humain, c'eft qu'elles étoient toutes dictées par la raifon ; ce fut elle, a-
lors, qui devint la richeffe & le tréfor
de l'homme dépourvu de tout. Pour
fe tirer de l'abîme de mifere où il fe
voyoit plongé, il fe fervit de toutes fes
facultés fpirituelles, & rappellé à lui-
même par fes malheurs, il fe comporta
en créature raifonnable & intelligente;

* Moïfe fut inftruit dans toute la fageffe E-
gyptienne.

ce qui fit son bonheur & sa gloire.

Voila quelle a été la conduite de l'homme dans ces premiers temps, & celle qu'il eût toujours tenue par la suite, s'il n'eût point perdu de vue son ancien mobile & son guide naturel, je veux dire, ses vrais besoins & sa raison. Tout ce qui va suivre ne nous exposera plus que ses écarts & ses changemens; &, comme pour les rendre instructifs, il nous importera d'en chercher toujours les principes, nous pouvons dès à présent en faire déja remarquer un.

Quoique les premieres Loix écrites que firent les hommes ne fussent que le tableau de leur conduite primitive, & le précieux recueil de tous les moyens dont ils s'étoient servis jusqu'alors pour rétablir la Société & pour se rendre heureux, ces Loix mêmes donnerent lieu au premier changement qui se fit dans l'esprit humain. On commença dès-lors à négliger l'usage de la raison; ce fut ces Loix que l'on con-

ſulta pour agir ; ce fut ſur elles que
l'on ſe repoſa ; & la juſte confiance
qu'on avoit en elles n'exigeant plus de
l'homme qu'il employât le reſſort in-
térieur pour régler ſa conduite & toutes ſes démarches, comme par le paſſé, ce reſſort s'affoiblit peu à peu, &
à la fin il en perdit preſqu'entiérement
l'uſage.

Il eſt vrai que ces Loix étoient excel-
lentes, & que l'homme ne pouvoit
qu'être heureux & ſage en les ſuivant
à la lettre ; mais quelles ſont les Loix
qui ne dégénerent point inſenſiblement, ſur-tout quand le reſpect exceſſif
qu'on a pour elles ne permet point de
les confronter de temps en temps avec
la Loi primitive, qui eſt gravée dans
tous les cœurs d'une façon bien plus
inaltérable que ſur la pierre, & que
l'on y trouve toujours quand on veut
rentrer en ſoi-même ?

Ces Loix admirables ſe corrompirent donc & ſe dénaturerent, parce

qu'on négligea de les conserver purés,
& de les redresser quand elles commen-
cerent à s'écarter du bien public, de
la raison & du bon sens.

Prévenus à présent de cette source
de toutes les erreurs, il nous est facile
de pressentir & de nous assûrer d'avance d'un seul coup d'œil quelle va être
la marche du Genre-Humain. Après
s'être conduit selon les lumiéres de sa
raison, il s'abandonnera avec un respect
sans bornes à la conduite des Loix; il
cessera de penser par lui-même; ces
Loix s'altéreront sans qu'il s'en apper-
çoive, & il ne se conduira plus que par
les usages & par les coutumes: celles-
ci devenant obscures, on se remplira
de préjugés, de fausses traditions, &
d'opinions folles & superstitieuses, qui
deviendront à la fin la base & la regle
de la conduite générale de toutes les
Nations. Ce sont les degrès par où
nous les verrons toutes successivement
passer depuis le renouvellement des So-

F 5

ciétés jufqu'aujourdhui; nous les ve-
rons toujours s'oublier de plus en plus,
& nous remarquerons qu'elles fe ren-
dront malheureufes à mefure qu'elles
s'éloigneront de leur raifon, & qu'elles parviendront à ce point funefte de
ne la plus regarder comme le premier
flambeau qui doit éclairer les Loix, les
coutumes, les ufages, les opinions, &
la Religion elle-même.

Nous avons laiffé l'homme fur le
point de mettre le dernier fceau à fa Légiflation, & prêt à en repréfenter le
fiége & l'unité, en fe donnant Dieu
même pour Souverain. Divers fentimens que la raifon lui dictoit, plufieurs
impreffions religieufes dont il étoit vivement pénétré, & plus encore le
crédit & le poids d'une certaine fuperftition qui fut particuliere à ces premiers âges, concoururent à lui infpirer un choix & un deffein auffi extraordinaire. Ses befoins lui ayant fait connoître de bonne heure qu'il n'étoit

point un être qui pût vivre isolé fur
la Terre, il s'étoit réuni à fes femblables, préférant, comme nous avons
vu, les avantages d'un engagement né-
ceffaire & raifonnable à fa liberté naturelle.

L'agrandiffement de la Société ayant
enfuite demandé que le contract tacite
que chaque particulier, en s'y incor-
porant, avoit fait avec elle, eût une
forme plus folemnelle & qu'il devint
authentique & irréfragable, afin que
l'ordre & l'harmonie puffent y fubfifter
& y régner comme auparavant, l'homme y confentit encore. Les premiers
refforts n'étoient point changés par
cette précaution nouvelle: elle n'avoit
pour objet que de les fortifier en raifon de la grandeur & de l'étendue du
corps qu'ils avoient à faire mouvoir.

On renouvella donc en faveur de la
Société le facrifice déja commencé de
cette liberté & de cette égalité naturelle, dont nous avons tous le fenti-

ment; on reconnut des Supérieurs &
des Magiſtrats; on ſe ſoumit à une ſu-
bordination civile & politique : bien
plus : on chercha un Souverain, parce
qu'on reconnut dès-lors qu'une grande
Société ſans Chef & ſans Roi étoit un
corps ſans tête, & même un monſtre,
dont les membres mis en mouvement
ne pouvoient produire rien de raiſonné
ni d'harmonique.

Pour s'appercevoir de cette grande
vérité, l'homme n'eut beſoin que de
jetter un coup d'œil ſur la Société qui
s'étoit déja formée. Nous ne pouvons
nous empêcher, en voyant une aſſem-
blée, d'en chercher le Premier & le
Chef : c'eſt un ſentiment involontaire
& vraiment naturel, qui eſt une ſuite
de l'attrait ſecret qu'ont pour nous la
ſimplicité & l'unité, qui ſont les caracteres de l'ordre & de la vérité : c'eſt
une inſpiration précieuſe de notre raiſon, par laquelle, quelque penchant que
nous ayons vers l'indépendance, nous

fçavons nous foumettre pour notre bien
être & pour l'amour de l'ordre.

Loin que le fpectacle de celui qui
préfide fur une Société puiffe par lui-
même caufer aucun déplaifir à ceux qui
la compofent, la raifon ne peut le voir
fans un retour agréable & flatteur,
parce que c'eft la Société, & nous-
mêmes qui en faifons partie, que nous
confidérons dans ce Chef, dans cet
Oracle permanent de la raifon publique, dont il eft le miroir, l'image &
l'augufte repréfentation.

La premiere Société qui fut réglée
& policée par les Loix, ne put, fans
doute, fe contempler elle-même, fans
s'admirer. L'idée de fe donner un Roi,
a donc été une des premieres idées de
l'homme raifonnable & fociable. Le
fpectacle de l'Univers vint encore fe-
conder la voix de la raifon; l'homme
s'en occupoit alors fans ceffe, & ad-
miroit ce merveilleux concert. Comme l'immutabilité du Ciel & la félici-

té de la Terre dépendoient de l'accord
perpétuel de tous les divers mouvemens des Aftres, il les examinoit perpétuellement ; tantôt il portoit fes yeux
vers le Soleil, tantôt il confidéroit la
Lune & cette immenfe multitude d'é-
toiles dont le Firmament eft peuplé ;
mais remarquant fur-tout cet Aftre unique & éclatant qui femble commander
à toute l'armée des Cieux, & s'en faire obéir, il crut voir l'image d'un bon
gouvernement, & y reconnoître le
modele & le plan que devoit fuivre la
Société fur la Terre, pour fe rendre
heureufe & immuable, par un femblable concert.

La Religion, enfin, appuya tous
ces motifs, déja très-puiffans par eux-
mêmes ; l'homme ne voyoit dans toute la Nature qu'un Soleil ; il ne connoiffoit dans tout l'Univers qu'un Dieu.
Il vit donc par là qu'il manquoit encore quelque chofe à fa Légiflation,
que fa Société n'étoit point parfaite ;

en un mot qu'il lui falloit un Roi, qui fût le Chef & le pere de cette grande famille, & qui la conduisît & la réglât comme le Soleil regle toute la Nature, & comme un Dieu conduit & gouverne l'Univers.

Ce furent-là les avis, les conseils, & les exemples que la raison, le spectacle du Ciel, & la Religion, alors d'accord ensemble, donnerent unanimement à l'homme dès ces premiers temps; mais il les éluda, plutôt qu'il ne les suivit; soit qu'il s'imaginât réellement qu'un mortel n'étoit pas capable de représenter Dieu sur la Terre, (ce qui est vrai en un sens) soit qu'il craignît de perdre tout-à-fait sa liberté, en ne songeant pas qu'il y avoit cependant des moyens légitimes d'accorder sa sûreté avec celle du Trône, soit enfin que la superstition l'emportât; au lieu de se choisir un Roi parmi ses semblables, avec lequel la Société auroit fait le même contract que chaque

particulier avoit fait antérieurement a-
vec elle, l'homme proclama l'Etre fuprême; il ne voulut point qu'il y eût
fur la Terre, comme dans le Ciel, d'autre Maître, ni d'autre Monarque.

Je ne doute point qu'on ne foit
tenté de croire que l'amour de l'indépendance a été le premier mobile de
cette conduite, & que l'homme en
refufant de fe donner un Roi vifible,
pour en reconnoître un qu'il ne pouvoit voir, n'ait eu un deffein tacite de
n'en admettre aucun; mais par un tel
foupçon on rendroit bien peu de juftice à l'homme en général, & en particulier à l'homme échapé de la ruine
du Monde. Jamais il n'a été plus raifonnable qu'alors fur tout ce qui concerne l'ordre public; jamais il n'a été
plus porté à faire le facrifice de fa liberté. Si en fe donnant un Roi il fit
une fi finguliere application des lumieres qu'il recevoit de fa raifon & de la
Nature entiere, c'eft qu'il n'avoit point

épuré

épuré fa Religion , comme fa police
civile & domeftique; il ne l'avoit point
purgée de la fuperftition, cette fille de
la crainte & de la terreur, qui abforbe
la Religion, & qui, prenant fa place
& fa figure, l'anéantit elle-même.
L'homme alors en fut cruellement la
dupe; elle feule préfida à l'élection d'un
Dieu Monarque; ce fut là la premiere époque des maux du Genre-Humain.

Je ne puis mieux faire connoître de
quel genre fut la fuperftition dont les
premiers hommes furent affectés, qu'en
rappellant ici certaines opinions qui eurent cours au commencement de notre
Ere vulgaire, lorfqu'on vit naître le
Chriftianifme. Cette Religion, que
fuivent aujourdhui tous les peuples de
l'Europe, dut fa premiere exiftence à
une folie ancienne & périodique, qui
procédoit de la corruption des dogmes
primitifs dont nous avons parlé, fur la
venue du Grand Juge, la fin du Monde & la vie future.

G

Je dis que cette folie étoit périodique, parce que les peuples avoient presque toujours appliqué l'accomplissement de ces dogmes à la fin des Périodes, & qu'aux temps dont nous parlons, certaines traditions obscures, qui donnoient six mille ans à la durée du Monde, depuis sa création, firent penser que, puisque l'on entroit dans le septieme milliaire de son existence, la grande semaine * devoit être sur le point de s'accomplir, & que ce dernier milliaire alloit faire paroître le grand *Sabbath d'Israël*, le temps du triomphe & du repos des justes. Frap-

---

* On voit, par l'histoire de la primitive Eglise, que cette Chronologie, qui donnoit six mille ans à la durée du Monde, étoit alors en vogue, & que l'attente du Messie étoit tellement reglée par ce Période, que les Chrétiens cherchoient à convaincre les Juifs par leurs propres annales & leurs traditions. L'Occident n'étoit pas moins préparé à cette folie que l'Orient. Plutarque, dans les vies de Marius & de Sylla, dit, que vers l'an 82. avant l'Ere vulgaire, les Devins de la Toscane avoient déja annoncé la fin de la grande année, & l'approche du grand renouvellement du Monde.

pé & prévenu de cette attente chimérique, un peuple plus superstitieux que
les autres, déja répandu dans tout l'Empire Romain, s'imagina qu'un homme, qui se fit alors remarquer par une
vie singuliere, étoit le Grand-Juge, &
le personnage annoncé depuis si long-
temps par les Oracles, par les Prophéties, & par les Sibylles. *

La mauvaise application que l'on fit,
par cette extravagante idée, du dogme qui concernoit le véritable Grand
Juge, ne manqua pas de réveiller & de
ramener les erreurs correspondantes,
qui avoient rapport aux deux autres
dogmes, & qui, comme nous avons
déja dit, étoient inséparables du premier. La fin du Monde parut donc
prochaine. Les Nations furent saisies

---

* Personne n'ignore combien de fois J. C.
dans les Evangiles parle de la fin du Monde.
St. Paul voulut de même parler du Jugement
dernier devant l'Aréopage & devant Félix Pré-
fet des Romains ; mais ils se moquerent de lui, &
lui tournerent le dos. *Act. des Ap. chap.* 17. *&* 24.

de la crainte du Jugement dernier. Un
horrible fanatifme fe répandit par toute
la Terre.   On annonça le regne de la
juftice ; & pour prêcher la pénitence
& l'abandon des chofes d'ici-bas , quelques-uns s'imaginerent réellement que
le Royaume de Dieu étoit arrivé ; mais
comme une multitude de circonftances
ne prouvoient que trop le contraire ,
d'autres s'imaginerent que le prétendu
Dieu, qui n'avoit fait que fe montrer ,
reviendroit inceffamment, & qu'il regneroit mille ans fur la Terre , pour
faire la félicité des juftes, & pour les
faire jouir de toutes fortes de délices.

Cette derniere opinion, qui fut celle de ceux qu'on appella *Millénaires* ,
ayant été détruite par le temps & par
l'événement, (après avoir néanmoins
produit encore dans d'autres fiecles d'ignorance des folies * femblables) les

* Je veux parler ici des terreurs du onzieme
fiecle , qui ne furent qu'une fuite des anciennes.
On fçait quelles folies furent la honte de l'Europe , & le triomphe des Moines.

Apocalyptiques fe dégouterent enfin de calculer: on perdit de vue le regne merveilleux ; l'homme , devenu plus fage , en remit l'événement à la fin des temps, fans ofer les prefcrire ; mais il ne fut pas moins la dupe du paffé ; & quoiqu'il ait depuis cherché à plâtrer de fon mieux (qu'on me permette le terme) les fondemens ruineux de la Religion Chrétienne que ces chimeres & ces extravagances avoient fait embraffer à fes peres, il refta dans l'idolatrie ridicule & myftique qu'il en avoit reçue, & il y eft encore. *

* Les premiers événemens du Chriftianifme ont toujours été palliés & déguifés, & ce n'eft pas un petit ouvrage que de les montrer fous leur véritable afpect; d'autant plus que l'Eglife a fupprimé tout ce qui ne lui étoit point favorable , & qu'elle a mieux aimé jetter fur les premiers temps une épaiffe obfcurité , que de conferver une lumiére qui ne lui pourroit être que très-défavantageufe. Néanmoins les Hiftoriens profanes qui nous reftent , & quelques écrits des Philofophes de ces temps , peuvent beaucoup fervir à jetter quelques rayons fur ces temps. par des anecdotes détachées, mais très importantes. Tacite, Suétone, Porphyre,

Cette légere esquisse du grand tableau qui nous repréfentera un jour les fources fameufes du Chriftianifme, eft auffi l'efquiffe des erreurs des premiers hommes. Ce fut de leur temps, & à l'occafion des malheurs du Monde, que toutes ces bizarres opinions s'emparerent de l'efprit humain, & qu'elles y produifirent une multitude de Préjugés monftrueux, dont il fut toujours la victime.

Si ces Préjugés ont paru nouveaux dans le premier fiecle de notre Ere

Lucien dans fon Philopater, peuvent être d'un grand fecours. Il faut auffi étudier quel étoit l'efprit des perfécutions que l'on fit éprouver dans ces premiers fiecles aux Philofophes, aux Mathématiciens, aux Aftrologues, aux Juifs, & aux Chrétiens, & rapprocher tous ces détails de la doctrine des premiers Peres de l'Eglife fur la fin du Monde, qui étoit leur dogme favori, comme on peut le voir dans leurs ouvrages, & dans les opinions recueillies dans le premier volume du *Traité Hiftorique & Polémique fur la fin du Monde, & la venue d'Elie*, publié à Rotterdam en 1737. Enfin il faut joindre à ces recherches une étude très-philofophique des Livres du Nouveau Teftament, fur-tout des Evangiles & de l'Apocalypfe.

vulgaire, c'eſt qu'ayant été comme abſorbés, depuis un long eſpace de temps, ſous l'amas énorme des erreurs mêmes qu'ils avoient engendrées, une terreur panique toute ſemblable à l'ancienne, les ranima, rendit à la ſuperſtition ſa premiere face, & ramena l'homme au même point d'où il étoit primitivement parti, quoiqu'il en eût perdu le ſouvenir.

S'il y avoit ici quelque apologie à faire pour ceux qui ſe ſont laiſſés tromper par ces ridicules chimeres, ce ne pourroit être, ſans doute, qu'en faveur des anciens témoins des révolutions de la Terre, qui furent étourdis & épouvantés par des cataſtrophes auſſi terribles que réelles; au lieu qu'à la ſeconde époque, la ſuperſtition n'eut d'autre principe & d'autre baſe que de faux calculs, & que de miſérables oracles, que l'Etat même de la Nature contrediſoit & convainquoit de menſonge & d'impoſture.

Ce fut cette Nature elle-même, &
tout l'Univers, qui séduisirent l'homme autrefois. Auroit-il pu s'empêcher,
à l'aspect de tous les formidables phénomenes d'une destruction universelle,
ne pas se rappeller alors des dogmes
sacrés & respectables en eux-mêmes,
dont il est vrai qu'il ne voyoit pas encore la fin précise, mais dont il ne pouvoit méconnoître tous les signes & toutes les approches? Ses yeux & sa raison sembloient l'en avertir à cháque instant, & justifier ses terreurs; ses maux
& ses miseres étoient à leur comble,
& ne lui laissoient pas la force d'en
douter; les consolations de la Religion
paroissoient être son seul espoir; il s'y
livra donc sans réserve; il attendit avec
résignation le jour fatal; il s'y prépara, il le désira même; tant étoit déplorable son état sur la Terre!

L'arrivée du Grand Juge, & le regne de la vie future, devinrent ainsi,
dans toutes ces tristes circonstances,

les seuls points de vue que l'homme considéroit avec une avidité religieuse & passionnée, comme le terme de tous ses malheurs. Il s'en entretint perpétuellement, tant que durerent les désordres & les fermentations de son séjour; & ces dogmes y jetterent de si profondes racines, que la Nature, qui ne se rétablit sans doute que par degrés & peu à peu, l'étoit enfin tout-à-fait, lorsque l'homme l'attendoit encore.

Telles étoient les dispositions religieuses du Genre-Humain, lorsque les sociétés, déja multipliées & réunies, travailloient à donner une forme réglée à leur administration civile, & songeoient à l'élection d'un Roi.

Préoccupées du Ciel, elles oublierent dans cet instant qu'elles étoient encore sur la Terre; au lieu de donner à leur Gouvernement un lien naturel, elles en chercherent un surnaturel; & pour ne point perdre de vue le Royaume Céleste, où elles aspiroient sans cesse, el-

les s'imaginerent pouvoir le repréfenter
ici-bas ; en ne reconnoiffant d'autre
Monarque que Dieu même, elles croyoient, fans doute, par cette fublime
fpéculation, prévenir leur gloire & leur
bonheur, jouir du Ciel fur la Terre,
& anticiper fur le trop lent avenir,
que la Religion leur peignoit fi fouvent
& avec de fi belles couleurs. Leur fpéculation fut néanmoins la fource de
tous leurs maux & de toutes leurs erreurs. Les hommes voulurent, en
conféquence de leur choix, appliquer
les principes du regne d'en-haut au
regne d'ici-bas, & la plupart de ces
principes fe trouverent faux, parce
qu'ils étoient déplacés: ce Gouvernement n'étoit qu'une fiction, qu'il fallut néceffairement foutenir par une
multitude de fuppofitions; & ces fuppofitions furent, avec le temps, pri-
fes pour des vérités, d'où refulterent
une foule de Préjugés religieux & politiques, qui précipiterent dans des a-

bîmes affreux la Religion & la Police primitive.

C'est ainsi que les Nations, après avoir puisé dans le bon sens & dans la Nature Leurs loix domestiques, œconomiques & civiles, les soumirent toutes à une chimere qu'elles appellerent le regne de Dieu, & que nous avons appellé *Théocratie.* *

Je ne suis point entré dans le détail de toutes les variétés qu'ont eu entr'elles toutes les opinions superstitieuses de ces premiers âges, au sujet du regne du Grand Juge. Comme la superstition n'a jamais des principes uniformes, il dut s'élever alors différentes sectes, & différens systêmes religieux, entre lesquels il en est un, que je crois ne devoir point omettre.

L'opinion que nous venons de détailler ne regardoit point le Grand Juge

---

* Ce mot signifie la même chose, si on le dérive soit de l'Hébreu, soit du Grec, *la Ville, la Cité de Dieu.*

comme arrivé, mais son regne paroissoit si prochain, que pour s'en rendre
digne on croyoit que la société devoit
se comporter d'avance comme s'il étoit
prêt à paroître. Cette façon de penser
étoit affez raifonnable, & il n'en feroit
réfulté rien que d'avantageux au Genre-Humain, fi l'on ne s'y fût livré qu'a-
vec réferve, & avec un zele prudent
& modéré: mais il y eut encore une
autre opinion, infiniment abfurde &
mal-raifonnée, dont les fuites furent
cruelles & funeftes, ce fut de regarder
l'avénement & le regne du Grand Juge,
comme réellement arrivé. On penfe que
fa defcente ici-bas s'étoit faite d'une
façon invifible, mais que la ruine du
Monde en avoit été la fuite évidente,
& en étoit la preuve manifefte. Les
maux qu'on avoit foufferts, & les grands
changemens qu'on avoit vus dans toute
la Nature, furent pris pour les actes
de fa vengeance & de fes jugemens; &
comme la plus grande partie du Genre-

Humain étoit alors périe, & qu'un très-petit nombre d'hommes avoit été conservé, il ne fut que trop naturel à ceux qui donnerent dans cette opinion, d'en conclure que tous ceux que le Grand Juge avoit exterminés, n'avoient pas été trouvés dignes d'habiter sur la Terre qu'il avoit renouvellée, & que ceux qui avoient eu le bonheur de survivre à ses jugemens formidables, avoient été des élus & des justes, qui avoient trouvé grace devant lui.

En conséquence de ces fausses idées, on fit une application absurde de tous ces dogmes; on confondit le Monde renouvellé avec la vie future, c'est-à-dire, la Terre avec le Ciel; on s'imagina entrer dans l'âge de la félicité; on se regarda comme cette portion de créatures choisies, auxquelles la terre des justes avoit été promise & donnée, & sur lesquelles Dieu seul à l'avenir alloit immédiatement regner & présider.

Les sectateurs de ce système, quoique d'accord en quelques points avec ceux de l'opinion précédente, formerent une espece d'hommes particuliere qui se crurent plus proches que les autres de la Divinité, & qui chercherent toujours à se diftinguer par une vie moins humaine ou plus myftique. On y trouvera peut être un jour l'origine primitive des Ordres Religieux, que le Paganifme, le Sabéanifme, & le Judaïfme connoiffoient long-temps avant le Chriftianifme, qui n'a fait que les imiter. Une telle recherche nous écarteroit trop de notre fujet. Je ferai fimplement remarquer que les opinions de cette fecte ont été la bafe œconomique & politique de plufieurs Nations très-anciennes, qui fe conduifoient moins comme une Société civile, que comme une Société toute religieufe. Cela rendit ces Nations le fléau de toutes les autres; car comme elles confondoient ce Monde renouvellé, avec le regne de la vie future promis aux justes, elles eurent l'efprit de conquête, ou une efpérance ambitieufe & turbulente de poff* éder un jour la Monarchie univerfelle à titre d'héritage. C'eft par une fuite de cette fatale méprife que les charnels Hébreux exterminerent les Cananéens, pour s'emparer de leur pays comme d'une Terre promife par le Dieu de leurs Ancêtres. C'eft de même dans cette fource qu'il faudra chercher ces prétendus Oracles, & toutes ces obfcures promeffes des Dieux, à l'abri defquelles les Romains pleins de hardieffe & de confiance marcherent toujours, d'un pas ferme & fûr, à l'Empire du Monde.

SECTION VIII.

*Le souvenir des anciennes Théocraties est
absorbé par le temps; les fables seules
en conservent quelques vestiges.*

POur trouver dans l'Antiquité le Gouvernement Théocratique, auquel toutes les premieres Sociétés se soumirent,
je ne dissimulerai point que l'histoire
nous manque, & qu'elle ne peut ni ne
pourra jamais nous en fournir de preuves directes, & encore moins des exemples. Les temps où les Théocraties
ont eu lieu sur la Terre sont si reculés
dans la nuit des siecles, qu'il n'en étoit
resté dans l'antiquité même qu'un
souvenir très-obscur; les Monarques
& les Docteurs des hommes avoient intérêt de l'éteindre tout-à-fait; enforte
que les foibles vestiges qui en sont res-
tés, ont été par la suite absorbés par la
fable, & confondus avec une multitude

de d'allégories obscures, & de traditions ridicules, que l'Histoire a toujours
méprisées, & qui ne font plus aujourdhui que du domaine de la Mythologie
qui nous les a transmises.

C'est donc dans ce fond ténébreux
que je vais être réduit à chercher les
traces & les empreintes de la Théocratie primitive ; ce ne fera point, à la
vérité, le moyen d'autorifer ces recherches aux yeux du plus grand nombre, qui dédaigne les temps mythologiques, ou qui ne les connoit pas ; elles ne plairont qu'à un très-petit nombre d'hommes privilégiés, dont le génie, foutenu de connoiffances, est feul
capable de faifir l'enfemble de toutes
les erreurs humaines, d'appercevoir la
preuve d'un fait historique ignoré, dans
le crédit d'une erreur univerfelle, & de
remonter de cette erreur à la vérité ou
à l'événement qui l'a fait naître, par
la combinaifon réfléchie de tous les différens afpects de cette même erreur.

H

Ce ton d'univerſalité & d'uniformité qu'ont affecté certaines opinions dans tous les temps & dans tous les climats, qui ſemble déceler aux yeux d'un eſprit raiſonnable un principe ſolide & certain, & non les effets capricieux & bizarres de l'imagination des Poëtes & des autres écrivains de l'antiquité, fait ſinguliérement en faveur du ſujet que je traite, & ſe trouve dans les traditions conſtantes des plus anciennes Nations du Monde, lorſqu'elles parlent du regne des Dieux ſur la Terre, qui a précédé le regne des demi-Dieux, & celui des Rois dont elles ont diſtingué preſque toutes les trois époques ſucceſſives. Sans rappeller ici les Egyptiens, les Phéniciens, les Chaldéens, les Grecs & l'ancienne Italie, dont les Théocraties mythologiques ont rebuté tous nos Chronologiſtes, les Indiens, les Japonois, & juſqu'aux Américains mêmes, avoient auſſi conſervé le ſouvenir d'un temps où leurs pays avoient été hono

rés de la réfidence des Dieux, qui é-
toient defcendus fur la Terre pour y
faire le bonheur des hommes, pour les
civilifer & leur donner des Loix. La
durée fabuleufe de ces regnes eft prefque toujours réglée par de grands Périodes, & par des nombres Aftronomiques. Les motifs particuliers de la
defcente de ces Dieux, font, chez tous
les peuples, les miféres & les calamités du Monde. L'un eft venu, difent
les Indiens, * pour foutenir la Terre
ébranlée, qui s'enfonçoit fous les eaux;
un autre eft venu fecourir le Soleil, auquel un grand Dragon faifoit la guerre;
celui-ci eft defcendu pour combattre
des monftres & des géans qui défoloient
le Genre-Humain; & celui-là, pour exterminer des Nations perverfes.

Je ne rappellerai point toutes les
guerres & les viétoires des Dieux,
Grecs & Egyptiens, fur les Typhons,

* *Cérem. Relig. Tom. VI.*

les Pythons, les Titans, & les Géans;
elles font trop connues, & l'on fçait
que toutes les grandes folemnités du
Paganifme en célébroient la mémoire.

Vers tel climat que nous tournions
les yeux, on y retrouve donc cette finguliere tradition d'un âge Théocratique, & nous pouvons remarquer qu'indépendamment de l'uniformité des Préjugés qui décelent un événement quel
qu'il puiffe être, cet événement y eft
défigné comme étant voifin des anciennes révolutions naturelles; puifque les
regnes de ces Dieux y font généralement
ornés & remplis de toutes les anecdotes
littérales ou allégoriques de la ruine &
du rétabliffement du Monde. Ce feroit
une peine inutile, & même une folie,
de prétendre juftifier en détail toutes
les fables qui ont raport à ces regnes
merveilleux, & de vouloir combattre
férieufement ou chercher à autorifer la
longue durée que les Nations ont donnée à l'Empire de leurs Dieux; nous

devons nous contenter pour le préfent
de l'enfemble frappant qu'elles nous
offrent, & juger par le feul afpect du
tableau général. Ainfi quoique toutes
ces annales foient fabuleufes pour la durée, pour les faits ou pour la mauvaife application des faits, elles ne peuvent
être fabuleufes pour le fonds ; elles ne
nous parlent point d'un âge imaginaire
que l'on doive retrancher de l'hiftoire
du Monde, comme on a fait jufqu'ici;
mais d'un âge & d'un état réel, qu'il
faut concilier avec cet ancien état du
Genre-Humain dont nous venons de découvrir & de fuivre les progrès.

Les Hébreux femblent nous montrer
plus diftinctement une véritable époque hiftorique, & un exemple mémo-
rable des anciennes Théocraties, dont
je pourrois ici m'autorifer fans me plon-
ger dans l'obfcurité des fiecles fabuleux;
mais quelque refpect que l'on ait encore pour les antiques annales de ce peuple, elles ne peuvent être ici regardées

ſous un autre point de vue que celles des autres Nations.

Les *Joſué*, les *Débora*, les *Barak*, les *Gédéon*, les *Jaïr*, les *Jephté*, les *Booz*, les *Abedon*, les *Samſom*, les *Ruth*, les *Noëmi*, & tous les Héros enfin & les Héroïnes de la Théocratie Judaïque, ne ſont que des *Soleils*, des *Oſiris*, des *Apollons*, des *Mercures*, des *Janus*, des *Hercules*, des *Cérès*, des *Cybéles*, & des *Proſerpines*.

Le Paganiſme & le Judaïſme ſont deux Mythologies, qui n'ont de vrai l'une & l'autre que leur ſource commune, l'abus de l'hiſtoire de la Nature. *

* La reſſemblance intime qu'il y a entre une multitude de faits & de perſonnages de la Bible & de la Fable, a été preſſentie, étudiée & connue de preſque tous les Peres de l'Egliſe, des Commentateurs, des Interpretes; mais ils en ont tous méconnu ou pallié l'origine & la ſource. Leur ſyſtème le plus général a été de chercher les Dieux du Paganiſme dans l'abus qu'ils prétendent qu'ont fait toutes les Nations des Livres de Moïſe, & de l'hiſtoire de la Judée; ſoit que ces écrivains n'ayent en cela conſulté que leur amour propre ou leur ſuperſtition, ſoit qu'ils ayent été forcés par les rapports connus & évidens qu'ils n'ont pu méconnoître

Il faut donc prendre entr'elles un jufte milieu, c'eft-à-dire, ne point méprifer

entre les Antiquités facrées, & celles qu'ils ont appellées profanes; fans rappeller ici les fentimens de plufieurs fçavans qui ont combattu le fyftême des Peres, qui rencontre à chaque pas des difficultés énormes; je crois que l'on peut applanir les difficultés de cet ancien problême par ce raifonnement. Si les Dieux & les Héros du Paganifme ne tirent leur origine que de l'abus de l'hiftoire, de la nature & des figures allégoriques & fymboliques de la haute Antiquité, comme l'a évidemment démontré l'Auteur de l'*Hiftoire du Ciel*, de qu'elle autre fource pourroient provenir les Patriarches & les Héros des Hébreux qui ont avec ces Dieux imaginaires une reffemblançe & un rapport fi frappans, que les Juifs & les Chrétiens n'ont jamais pu les contefter? Deux hiftoires ou deux fables femblables ne doivent-elles pas avoir une commune origine? C'eft la conféquence générale qu'en a tirée M. Pluche avec une prévention finguliere, puifqu'il n'a point lui-même profité de ce trait de lumiere. ,, Le Paganifme : dit-il, ,, n'eft ,, point forti du Judaïfme, ni le Judaïfme du ,, Paganifme : ils doivent l'un & l'autre ce qu'ils ,, ont de commun à une commune & unique ,, origine. " Si cet Auteur eût eu autant de génie qu'il paroît montrer de connoiffances dans fon ouvrage, l'*Hiftoire du Ciel* eût été un grand Livre : mais on y voit regner une fuperftition aveugle & continue, & une petiteffe d'efprit, qui peuvent faire douter qu'il ait tiré de fa tête les excellens matériaux, dont fa main s'eft fi mal fervie.

H 4

tout-à-fait les Théocraties Payennes,
qui nous voilent des vérités, & ne point
donner une confiance sans bornes à la
Théocratie Judaïque, qui contient mille fables semblables à celles des autres
Nations : elles sont à la vérité décorées
d'un air historique, & paroissent quelquefois mieux liées & plus approchées
de nous ; néanmoins leur Chronologie
est aussi fausse que leurs faits ; & il n'y
a de véritable & de réel, qu'une ancienne vérité qu'elles nous cachent &
qu'on n'y peut qu'entrevoir, comme
dans toutes les annales Payennes.

En réfutant ainsi la preuve la plus
directe & la plus historique qui semble
se présenter en faveur du sujet que je
traite, pour la ramener dans la classe
de ces seuls pressentimens, que fait naître le spectacle uniforme de la Mythologie de tous les peuples, ce n'est point
borner ici nos recherches, c'est appré-
cier à sa juste valeur ce fonds immense
de traditions Hébraïques, dont on ne

pourra tirer quelque profit un jour, qu'autant qu'on les étudiera sous le point de vue commun, qui peut seul les ramener à ce foyer général, où le concours de toutes les fables forme une lumiere vraiement historique ; lumiere qu'elles ne peuvent produire lorsqu'elles sont séparées, &, pour ainsi dire, rendues divergentes par un esprit national & par les Préjugés.

Je n'entreprendrai point ici ce grand travail, qui demande que l'on fasse pour les Hébreux une *Histoire du Ciel*, ainsi que M. Pluche en a fait une pour les Egyptiens ; mais il est encore un autre fonds non moins considérable, où nous pouvons chercher & suivre les traces de l'ancien gouvernement Théocratique, ce sont les ouvrages religieux & politiques des Nations, qui, malgré la corruption & le déguisement de leurs motifs primitifs, peuvent s'éclairer mutuellement les uns par les autres, & dissiper une grande partie des ténebres qui

ont obscurci l'histoire des premiers â-
ges du Monde.

Examinons auparavant quels ont dû
être les usages & les coutumes de nos
peres dans leur Théocratie, & si nous
trouvons ensuite ces mêmes usages, ou
les abus qui ont pu en naître chez toutes les Nations, ce sera, sans doute,
une preuve qu'elles en ont toutes ori-
ginairement connu les véritables sources.

SECTION IX.

*Quels ont été les usages Théocratiques.
On retrouve chez toutes les Nations, &
ces usages, & les abus sortis de ces u-
sages corrompus.*

L'Etat Théocratique ayant été adopté & regardé par les hommes comme
un état civil & politique, un de leurs
premiers soins fut de représenter au milieu d'eux la maison du Dieu Monarque,

de choisir dans cette maison un lieu particulier pour sa résidence, & de le distinguer par un trône. C'étoit là, sans doute, qu'ils devoient se réunir pour lui rendre leurs hommages, pour recevoir ses ordres, & pour lui demander des graces; c'est à-dire, pour lui offrir leurs vœux & leurs prieres.

Ces institutions ne furent d'abord qu'un cérémonial allégorique: mais avec le temps il fut pris à la lettre; tous les usages civils devinrent des usages religieux; il fallut avoir recours à Dieu dans toutes les affaires publiques & particulieres; la Religion absorba la Police, dont elle se rendit la Souveraine, & à mesure qu'elle augmenta ses droits temporels, elle se corrompit elle-même, & changea de nature. La maison du Dieu Monarque & son trône, devinrent peu à peu son Temple & son Sanctuaire. L'homme, s'imaginant que l'Etre Suprême chérissoit ce lieu plus particuliérement qu'aucun autre, se perſuada qu'il y habitoit réellement. Ses idées ſur la Divinité ſe retrécirent de plus en plus. Au lieu de regarder ſimplement les Temples comme des lieux d'aſſemblées & de prieres publiques, infiniment reſpectacles par cette ſeule & vraie deſtination, il y chercha le Maître qu'il croyoit y réſider, & ne pouvant l'appercevoir, il ne tarda pas à y mettre une repréſentation, & à l'adorer.

L'Etre Suprême étant conſidéré comme le Roi de la Société, le ſigne de l'autorité & le ſceptre de l'Empire ne dut point être mis entre les mains d'aucuns particuliers ; il dut être dépoſé dans la maiſon & ſur le ſiege du céleſte Monarque, c'eſt-à-dire, dans un Temple, & dans le lieu le plus reſpectable de ce Temple, c'eſt-à-dire, dans le Sanctuaire. Le ſceptre & les autres marques de l'autorité Royale, n'étoient dans les premiers temps que des bâtons & des rameaux, les Tem-

ples que des cabanes, & le Sanctuaire
qu'une corbeille ou un coffre; c'est ce
que toute l'Antiquité nous apprend.

Dans les fêtes commémoratives de
l'ancien état du Genre‑Humain, que
les Japonois * observent encore, ils y
représentent sur la scene tous ces signes
rustiques de la primitive autorité; ils
nous expliquent par-là certaines solem‑
nités & certains mysteres des Egyptiens
& des Grecs, où nous retrouvons ces
mêmes emblêmes. Personne n'ignore
l'histoire de la verge d'Aaron, elle
a la même origine; déposée dans le
Sanctuaire & dans l'Arche, elle n'a‑
voit été primitivement que le scep‑
tre du Dieu Monarque; mais elle étoit
devenue chez les Hébreux le signe du
suprême Ministere de la famille de Lé‑
vi; parce que, dans le Gouvernement
Théocratique, les Prêtres en ayant été
les Officiers naturels & les Ministres,
en sont bientôt devenus les vrais Sou‑

* Kempfer.

verains, comme nous le verrons par la suite.

L'Histoire ancienne nous conserve encore une autre anecdote, qui confirme ce que j'expose sur les usages, & sur le progrès des abus qui leur ont succédé. Elle rapporte que les premiers Temples que les hommes ont ensuite élevés à la place des cabanes & même des cavernes, qui en avoient d'abord tenu lieu, n'ont été pendant long-temps que de simples enclos, qui ne contenoient aucune de ces représentations de la Divinité, dont ils furent remplis dans les siecles suivans.

Le Code des Loix civiles & religieuses ne dut point non plus être remis entre les mains d'un Magistrat particulier; on le déposa donc au Sanctuaire; & ce fut à ce lieu sacré qu'il fallut avoir recours pour connoître ces Loix & pour s'instruire de ses devoirs. Ceci est un usage dont toute l'Antiquité Payenne, & celle des Hébreux nous offrent une infinité de témoignages. Tous les Temples avoient une corbeille, un coffre, une arche, où les facrés dépôts de l'autorité & de la Légiflation étoient confervés avec une Religion qui s'étoit changée chez la plûpart des peuples en une fuperftition fi déplorable, qu'on étoit parvenu, en confondant les Loix avec le Dieu Légiflateur, à n'ofer regarder tous ces fignes inftruƈtifs, fans crainte de mourir ou d'être exterminés.

Dans ces fêtes Payennes qui portoient le nom de fêtes de la Légiflation, comme les *Palilies*, & les *Thefmophories*, l'objet principal du cérémonial étoit devenu un fecret redoutable, & l'on y faifoit au peuple un myftere de fes devoirs.

Ce qu'il y avoit de plus caché dans les fêtes d'Ifis, de Cérès, & de Cybele, dans les myfteres de Samothrace & des Etrufques, &c. n'avoit eu primitivement pour objet que d'apprendre à bien vivre pour parvenir à une heureu-

fe fin ; que de les inftruire fur l'ordre
& le fujet des fêtes, que de les engager
au travail & à l'induftrie; mais toutes
ces utiles leçons dépofées dans le Sanctuaire, furent réfervées par la fuite
pour un petit nombre d'initiés, auxquels après de longues épreuves on faifoit promettre fous d'affreux fermens
de ne rien révéler au vulgaire : * Tant
il eft vrai que les Prêtres, qui ont été
établis pour conduire l'homme dans le
bon

---

* Le fecret de ces myfteres étoit d'autant plus
criminel que les myfteres n'avoient pour objet
que le bien du Genre-Humain. *Ceux qui ont
part à ces initiations*, difoit Socrate, *s'affûrent
de douces efpérances pour le moment de leur mort
& pour toute la durée de l'éternité. Ils ont été
établis*, dit Epiétete, *pour régler la vie des hommes, & pour en éloigner les défordres. Tout ce
qu'on y apprend*, dit Cicéron, *ce font toutes les
vérités dont nous avons befoin pour régler ici-bas
notre conduite. Par les myfteres*, dit-il ailleurs,
*nous avons connu les moyens de fubfifter, & les
leçons qu'on y donne font faites pour apprendre aux
hommes à vivre en paix & avec modération entr'eux, pour mourir dans l'efpérance d'un meilleur
avenir.* Il eft aifé de voir par ces grandes vérités, confervées comme des myfteres dans le Paganifme, qu'il n'y auroit jamais eu de Paganifme,
fi

bon chemin, ont craint dans tous les temps qu'il ne le connût & qu'il n'y marchât.

Dès que la nature de la Théocratie exigea néceffairement que le dépôt des Loix gardées dans le Sanctuaire parût émané de Dieu même, & dès qu'on fut obligé de croire qu'il étoit le Législateur des hommes, comme il en étoit le Monarque, il fallut, par la suite des temps, avoir recours au menfonge & à l'impofture, pour imaginer de quelle façon ces Loix étoient parvenues fur la Terre; il fallut fuppofer des révélations furnaturelles & merveilleufes, pour les faire defcendre du haut du Ciel, pour les faire pronon-

fi les Prêtres, qui eurent dans la Théocratie le dépôt de la Police & de la Religion, euffent été au contraire foumis à cette Police publique, & n'euffent pu regarder comme leur bien cet important dépôt qui ne leur étoit que confié. On peut remarquer auffi par-là, qu'il en étoit de l'idolâtrie comme il en eft de toutes les Religions préfentes, que la morale en étoit bonne, mais que l'hiftorique n'en valoit rien.

I

cer & même écrire par la Divinité, par
des Dieux, & par des Déeffes; il fallut en aller chercher l'origine fur des
montagnes enflammées , dans des déferts, dans des cavernes & des forêts
folitaires , tandis qu'elles étoient gravées dans le cœur du Genre-Humain,
& que la raifon publique des Sociétés
primitives en avoit été l'unique fource
& le véritable organe.

Par ces affreux menfonges l'on a ra-
vi à l'homme l'honneur de ces Loix fi
belles & fi fimples, qu'il avoit faites
lors du renouvellement des Sociétés.
Par-là l'on a affoibli le reffort & la dignité de fa raifon, en lui faifant fauffe-
ment croire qu'elle n'étoit pas capable
de le conduire, tandis que c'eft le privilege & l'objet de ce don fublime &
prefque divin , que l'homme feul fur
la Terre a reçu du Créateur.

La néceffité d'une révélation pour
apprendre à l'homme fes devoirs, eft
un fyftême ancien & funefte , qui a

produit les plus grands maux dans la Société : le décri où il a fait tomber la raison chez le plus grand nombre des hommes, rend le crime des Légiflateurs myftiques prefque irréparable. *

Si l'impofture a toujours été chercher l'origine des Loix dans les déferts, on fent aifément qu'elle l'a fait pour mentir avec plus de hardieffe & de fûreté. Cette conduite qui devoit être fi fufpecte, l'étoit cependant d'autant moins alors, qu'elle s'accordoit avec quelques autres Préjugés, qui tiroient auffi leur fource des anciennes impreffions caufées par les malheurs du Monde. Comme on avoit attribué ces malheurs

* S'il eft un moyen de réparer les maux produits par le dogme chimérique de la révélation, & de rendre les hommes fages & heureux, autant qu'ils peuvent l'être ici-bas, c'eft de leur infpirer de l'amour, de l'eftime, & du refpect pour leur raifon, & de faire de ces trois devoirs la bafe de toute éducation. C'eft par-là qu'on pourra changer un jour la face du Monde ; les conféquences qui dérivent de cet amour, de cette eftime, & de ce refpect, compofent le véritable code de fa conduite, de fa morale, de fa Religion & de fa Philofophie.

à la defcente & à la préfence du Grand
Juge, on en avoit conclu par la fuite,
que ce Grand Juge étoit fi redoutable
& fi terrible, qu'il ne pouvoit fe montrer fans faire périr l'Univers. Ce fut
donc toujours derriere un voile, dans
des nuages obfcurs & fon bres, & dans
des déferts écartés, qu'il fallut le faire
defcendre, lorfqu'on feignit par la fuite qu'il ne venoit que pour donner des
Loix & pour faire du bien aux mortels.

Telle fut la caufe, dans les temps de
menfonge, de la docile imbécillité des
hommes. C'eft encore de là qu'étoit
fortie cette autre opinion de l'Antiquité Payenne & Judaïque, qu'on ne pouvoit voir Dieu fans mourir. Le dogme
de l'apparition du Grand Juge, & celui
de la fin du Monde, étant deux dogmes inféparables, l'homme devoit croire fa ruine certaine & prochaine, quand
fon imagination avoit vu cet Etre redoutable.

Le Dieu Monarque de la Société ne

pouvant lui commander d'une façon directe, l'homme se mit dans la nécessité
d'imaginer des moyens de connoître
ses ordres & ses volontés; une absurde
convention établit donc dans la Théocratie, des signes sur la Terre & dans
le Ciel, que l'on regarda comme les
interprêtes du Souverain invisible. Les
Hébreux, par exemple, allerent consulter l'*Urim* & le *Tummim*; c'étoient
douze pierres précieuses, nommées
Lumieres & *perfections*, parce qu'ils s'i-
maginoient que les différens rayons
qu'elles jettoient faisoient connoître la
volonté suprême. Les Egyptiens a-
voient un Oracle semblable, * qu'ils
nommoient *Vérité*. Chaque Nation eut
le sien. On vit paroître une foule d'In-
spirés, de Devins, de Prophêtes; on
vit naître les Augures, les Aruspices,
& une multitude de révélations de toute espece. En Police, comme en Re-

* Elien, Varron, Diodore parlent de cet O-
racle.

ligion, l'homme ne consulta plus sa raison; il crut que sa conduite, ses entreprises, & toutes ses démarches devoient avoir pour guide un ordre & un avis particulier du Ciel; & comme les Prêtres en étoient les organes, toutes les Nations de la Terre s'en rendirent les esclaves, les victimes & les dupes.

Quoi qu'ait pu faire l'imposture pour déguiser la véritable origine des Loix, comme elle est sujette, à cause de son ignorance naturelle, à suivre les Préjugés reçus, lors-même qu'elle en invente de nouveaux, elle n'a pu totalement effacer par ses fables les anciens traits de la vérité.

Nous avons vu que le sujet & l'objet des premieres Loix & des premiers sentimens du Monde renouvellé avoit été de réparer les maux du Genre-Humain, de pourvoir à sa subsistance, & à la multiplication de ce qu. en étoit resté, de favoriser les inventions & les inventeurs, & d'entretenir dans le cœur des hommes la reconnoiſſance & la crainte, en leur retraçant ſouvent les anciens phénomenes de la deſtruction du Monde. Un Code des Loix faites dans de pareilles vues, ne devoit-il point être appellé le *Code de la Terre ſauvée?* & ne ſeroit-ce point ce titre que nous cacheroit celui de *Code Moſaïque,* que portent les loix des Hébreux ? Un tel titre dans la langue de l'Egypte, qui eſt un pays bas & maritime, devoit ſignifier *le Code ſauvé des eaux,* ou de *la Terre ſauvée des eaux,* comme le Code des loix de Zoroaſtre, nommé *Zenda-Veſta,* pourroit ſignifier, pour la Perſe & dans les montagnes de la haute Aſie, *le Code de la Terre ſauvée du feu.* Une multitude d'autorités, qu'il ſeroit trop long de rapporter ici, mais que je vois dans les Ecritures mêmes des Hébreux, dans leurs fêtes, dans leurs uſages, & dans toutes leurs traditions,

I 4

me portent à changer ces foupçons en
une certitude parfaite. *

C'eft de l'épithete, *Mofée* ou *Mofaïque*, qui avoit été donnée aux Loix, aux
ufages, & aux hymnes de l'ancienne
Egypte , & de l'épithete *Zerduft* ou
Zend, qui avoit été donnée aux inftitutions des peuples de la haute Afie,
qu'ont été faits des *Mufes*, des *Mu-*

* Par les recherches particulieres que j'ai faites fur les folemnités nouvelles des Hébreux ,
& par leurs comparaifons avec certaines fêtes
d'Athenes , de Syrie , & d'autres peuples qui a-
voient rapport aux déluges d'Ogygés, de Deucalion, & de Promethée , je fuis parvenu à l'é-
vidente démonftration que la Pâque, la Pente-
côte, la fête des Tabernacles, & autres commémorations Hébraïques , avoient toutes eu pour
anciens motifs les miferes du Genre-Humain détruit & renouvellé ; ainfi l'on peut être fûr que
l'origine que je donne ici au Code Mofaïque
n'eft rien moins qu'un foupçon. Cette découverte donne la folution de toutes les rélations des
voyageurs, qui prefque en tous pays ont trouvé
des inftitutions Mofaïques. Ce n'eft point que
les Loix d'un Moïfe y foient parvenues ; c'eft
que les ufages & les coutumes des Hébreux font
en grande partie des commémorations de ces anciens malheurs du Monde, qui ont été univerfels
& généraux , & qui ont fait par-tout la même
impreffion fur les hommes.

fées, * des Moyſes & des Zoroaſtres, qui
n'étoient d'abord que des titres de Légiſlation , mais qui ſe ſont par la ſuite

* M. Pluche a reconnu quelle étoit la ſource
des *Muſes* & des *Muſées* ; mais il a gliſſé ſur
Moiſe avec aſſez de mauvaiſe foi. Il en eſt de
même de *Ménés*, de *Minos*, & de *Numa*, dont
on a fait des Rois Légiſlateurs, parce que leurs
noms ſignifient *Législation*, Les hymnes d'*Orphée*,
qui chantoient l'ennemi du Monde *mis à la ren-
verſe*, ſont auſſi provenues de là. On a fait un
grand Poëte en perſonifiant l'épithete caractéri-
ſtique de ces Hymnes. Les Cantiques d'*Apollon*,
ce Dieu victorieux & grand Muſicien ; les Pſeaumes du Roi *David*, ce grand Chantre, & le
ſeul Conquérant qu'ayent eu les Juifs, devoient
l'un & l'autre avoir la même origine. *Apollon*
ſignifie le Deſtructeur, le vainqueur de l'ennemi, parce qu'il combattit le Serpent Python,
monſtre enfant du Déluge, & ſes Cantiques
chantoient ſa victoire. *David*, dont les véritables racines ſont *Aued*, *Avaddon*, & *Aveddach*,
perte & deſtruction, ſignifie l'*exterminateur*. Les
Pſeaumes ne parlent que de la fin du Monde, &
de la venue du Grand Juge. Leur titre le plus
ſouvent porte, *pour la fin*; expreſſion à laquelle
on n'a rien compris juſqu'ici, ainſi qu'à beaucoup d'autres obſcurités de ces Pſaumes, qui
s'évanouïront néanmoins auſſi tôt qu'on n'y voudra plus voir David, ou le Meſſie, mais un
perſonnage allégorique, commémoratif, & in-
ſtructif ſur le paſſé & ſur le futur, tel que pouvoit être l'*Adonis* mort & reſſuſcité des anciens
Phéniciens.

I 5

métamorphofés en Poëtes, qui ont chanté, dit-on, l'origine du Monde, & en
fameux Légiflateurs, dont les uns ont
été fauvés de l'eau, & les autres du feu.

Tout le plan de l'Hiftoire Nationa-
le des Hébreux marche prefque toujours fur les fombres veftiges de l'Hiftoire naturelle du Monde; c'eft après des
maux & des fouffrances infinies, que
leur Loi leur eft donnée fur le mont
Sina au milieu de toute la Nature émuë.
L'Egypte, cette terre d'angoiffe, où
ils avoient demeuré fi long-temps, a
été prefque exterminée par le feu, par
les eaux, par les ténebres, par la pefte, par la famine, & par tous les fléaux
apocalyptiques. Ces Hébreux eux-
mêmes avant d'entrer dans le chetif
pays qu'ils appelloient leur *Terre promife*, avoient pendant quarante années
fouffert dans les déferts des miferes fi
grandes, qu'elles renouvellerent leur
race, & que tous ceux qui avoient vu
leur ancienne demeure n'habiterent

point dans la nouvelle : on les voit tous
succeffivement détruits dans une terre
aride & fauvage, par des embrafemens,
par des gouffres, par des géans, par
des dragons, par la faim & par la foif;
enfin on les voit errans fans ceffe, &
toujours crians & gémiffans, à l'occafion de nouveaux fléaux & de nouvelles calamités.

N'eft-ce point-là le vrai tableau du
trifte & ancien état du Genre-Humain,
& du paffage de l'ancien Monde au
nouveau, dont il ne paroît que trop
que les Hébreux fe font emparés pour
fe l'approprier, & pour en faire les a-
necdotes particulieres de leur merveil-
leufe hiftoire ?

Je ne fuivrai pas plus loin cette in-
téreffante carriere : je me contente de
faire remarquer encore que l'hiftoire
de leurs miferes, & de leur fameux
paffage dans la Terre promife, préce-
de immédiatement chez eux, celle de
leurs temps Théocratiques, ainfi que

les anciens malheurs du Monde précé-
derent les Théocraties qui en furent
les fuites.

Nous venons de voir jufqu'ici quelles ont été en partie les erreurs morales & hiftoriques dont les Sociétés
Théocratiques, s'infecterent pour avoir
confié le dépôt des Loix & de l'autorité aux Prêtres, comme Officiers du
Sanctuaire & Miniftres du Roi Grand
Juge Il en eft forti d'auffi abfurdes &
d'auffi déplorables des tributs que l'on
crut devoir lui payer. Il y a quelque
apparence que dans les premiers temps
les Sociétés n'eurent point d'autres
charges ni d'autres tributs à payer à
l'Etre fuprême que les prémices des
biens de la Terre, que l'on tenoit de
fa main bienfaifante, & que cet hommage étoit plutôt un acte extérieur de
reconnoiffance qu'un tribut civil &
réel, dont le fouverain difpenfateur n'a
pas befoin. Il n'en fut plus de même
lorfque d'un Etre univerfel chacun en

eut fait fon Roi particulier; il lui fallut, comme nous avons dit, une mai-
fon, un trône, des Officiers, des miniftres, & enfin des revenus pour les
entretenir.

Le peuple porta donc dans fon Temple la dixme de fes biens, de fes terres, & de fes troupeaux. Il fçavoit
qu'il tenoit tout de fon divin Roi : que
l'on juge de la ferveur avec laquelle
chacun vint offrir tout ce qui pouvoit
contribuer à l'état & à la magnificence
de fon Monarque : on en vint jufqu'à
s'offrir foi-même, fa famille & fes enfans : on crut pouvoir, fans fe dèsho-
norer, fe reconnoître efclave de celui
qui nous a fait libres, & l'homme ne
fe rendit par-là que le fujet & l'efclave de fes Miniftres hypocrites. Les
Prêtres devorerent feuls tous les dons,
& partagerent entr'eux les dixmes de
l'invifible Souverain ; le regne du Ciel
les rendit maîtres du regne de la Terre, & leur cupidité croiffant en raifon

de la fimplicité des peuples, ils ne cef-
ferent de tendre des pieges à la piété
généreufe.

Pour la forme & pour la décence,
les Prêtres eurent le foin cependant
d'expofer les dons du peuple devant le
Sanctuaire, d'égorger devant le Dieu
Monarque les animaux qui lui étoient
offerts, d'en répandre le fang en fa
préfence, d'en rôtir & d'en bruler une
partie à fon intention. Mais ce ridicule & barbare ufage, qui diminuoit
peu la portion facerdotale, ne fervit
qu'à en familiarifer l'ordre avec le fang;
les Prêtres devinrent d'impitoyables
bouchers, & les Temples fe changerent en lieux de carnage; où le fang
humain, en mille endroits de l'Univers, fut enfuite préféré à celui des
animaux, & ruiffela pendant un grand
nombre de fiecles.

Il n'eft pas befoin, fans doute, de
faire ici l'application de ces ufages à
ceux du Paganifme & du Judaïfme, pour

y reconnoitre l'origine de ces facrifices perpétuellement offerts dans les Temples, avec une dépenfe & une profufion qui femble avoir dû exterminer les troupeaux. Leur premiere intention avoit été de couvrir la table du Roi Théocratique; de là les Prêtres de Bel perfuaderent au peuple que leur Dieu mangeoit réellement les victimes qu'on lui offroit. Les Grecs & les Romains, dans les calamités publiques, affembloient pareillement tous leurs Dieux autour d'une table, qu'ils couvroient des viandes les plus exquifes; ainfi cet ufage, qui n'avoit été d'abord qu'un cérémonial figuré, pour foutenir dans tous les points l'extérieur du gouvernement furnaturel qu'on s'étoit donné, fut, comme on le voit, pris à la lettre, & la Divinité étant traitée comme une Créature mortelle, on la perdit à la fin de vue, & l'homme devint idolâtre.

Toutes les Nations qui donnerent

dans cette abſurdité, (& elles y donnerent toutes) conſerverent néanmoins
le ſouvenir d'un temps primitif, où les
Temples n'avoient point été enſanglan-
tés, & où l'on ne préſentoit à l'Etre
ſuprême que les prémices des biens &
des fruits de la terre; preuve que les
ſacrifices ſanglans n'étoient, comme je
viens de le dire, qu'un de ces abus ridicules, qui s'étoient introduits avec
le temps. De tous les peuples du Monde, il n'en eſt point non plus un ſeul
qui ne nous ait montré l'affreux ſpec-
tacle des victimes humaines; barbarie
inconcevable, qui n'auroit jamais pu
s'introduire parmi les Nations, ſi par
les ſacrifices des animaux elles ne s'é-
toient familiariſées avec cette idèe cruelle, que la Divinité aime le ſang : il
n'y eut plus qu'un pas à faire pour égorger les hommes, afin de lui offrir le
ſang le plus cher & le plus précieux qui
ſoit, ſans doute, à ſes yeux.

Cette atroce façon de penſer fait en-
co-

core la bafe des myfteres du Chriftianifme. Quelle horreur! „ Eft-ce-là,
„ dit Plutarque, * adorer l'Etre Su-
„ prême? Eft-ce avoir de la Divinité
„ une idée qui lui faffe beaucoup d'hon-
„ neur, que de la fuppofer altérée du
„ fang humain, avide de carnage, &
„ capable d'exiger & d'agréer de tels
„ facrifices? " ......

Les Typhons & les Géans, s'ils euffent triomphé du Ciel, auroient-ils
pu établir fur la Terre des facrifices
plus abominables? Quelle leçon dans
la bouche d'un de ces hommes qu'on
appelle Payens, pour tous ces Docteurs
du Chriftianifme, qui prétendent que
le fang de tous les hommes n'auroit
point fuffi pour appaifer leur Dieu, &
qu'il lui a fallu pour cela un fang divin! N'eft-ce pas renchérir, avec le
plus étrange fanatifme, fur la barbarie
la plus grande?

* *Plut. des Superftit. pag.* 169. 171.

Les Dixmes, qui n'étoient que le tribut dû à la Royauté de l'Etre Suprême, ne servirent donc qu'à nourrir & à entretenir l'orgueil du Sacerdoce; elles devinrent son bien de droit divin; * & comme sous un tel Gouvernement, tout religieux & tout mystique; les fautes secrettes, & jusqu'aux souillures légales, † étoient des fautes civiles, les Prêtres eurent intérêt d'en étendre les cas à l'infini, parce que les amendes, les expiations, & les victimes qui en résultoient, augmentoient

* Les Dixmes dans la Théocratie, appartenoient à Dieu, comme Monarque; lorsque les Juifs changerent ce gouvernement mystique, & qu'ils élurent des Rois, les Rois reçurent les Dixmes. *Liv. des Rois chap. 7. v. 15.*

† Les ordonnances légales de tous les anciens peuples proviennent en partie de la simplicité de leur âge; comme il n'y avoit alors ni luxe ni magnificence, on ne pouvoit exiger d'autre parure pour se présenter devant le Dieu Monarque, qu'une grande propreté du corps; la plus petite souillure étoit une indécence que la Loi punissoit; & comme l'imagination voit beaucoup de souillures, la superstition a toujours fait d'amples recherches sur cette matiere, sur-tout dans les pays chauds.

les tréfors & l'abondance du Grand Juge, c'eſt-à-dire, de ſes Miniſtres.

Il eſt encore un autre article ſur lequel je pourrois m'étendre ; ce ſeroit
ſur le détail des meubles & des uſten-
ciles qui furent deſtinés au Monarque;
mais ce ſingulier inventaire nous mé-
neroit trop loin; il ſuffit d'être prévenu que ces chars, ces boucliers, * ces
armes, & même ces troupeaux entiers
de bœufs & de chevaux que toute l'Antiquité conſacroit à ſes Dieux, avoient
été dans les anciennes Théocraties, les
équipages & les domaines du Monarque inviſible, & qu'ils ſervoient particuliérement à certaines fêtes, pendant
leſquelles on s'imaginoit que le Dieu
deſcendoit ſur la Terre.

Paſſons actuellement à l'une des plus
funeſtes ſuites qu'eut le Gouvernement
Théocratique.

* Rome avoit ſes boucliers ſacrés qui ſont connus de tout le monde, mais on n'a jamais fait
aſſez d'attention aux boucliers d'or du Temple
de Jéruſalem.

K 2

SECTION X.

Les Théocraties produisent l'idolatrie.

IL est si difficile à l'homme de se former l'idée d'un Etre grand, puissant, immense, & pourtant invisible, tel qu'est Dieu, sans s'aider de quelques idées & de quelques comparaisons humaines & sensibles, qu'il fallut presque nécessairement dans les Théocraties en venir à sa représentation. Il étoit alors bien plus souvent question de l'Etre Suprême qu'il n'est aujourd'hui; indépendamment de son nom & de sa qualité de Dieu, il étoit Roi encore; tous les actes de la Police, tous ceux de la Religion ne parloient que de lui: on trouvoit ses ordres & ses arrêts par-tout: on suivoit ses Loix, on lui payoit tribut, on voyoit ses officiers, son palais, & presque sa place;

elle fut donc bientôt remplie: les uns y mirent une pierre brute, les autres une pierre sculptée, ceux-ci l'image du Soleil, ceux-là celle de la Lune; plusieurs Nations y exposerent un bœuf, une chevre, un chien, un chat; & les signes représentatifs du divin Monarque furent chargés de tous les attributs symboliques d'un Dieu & d'un Roi: ils furent décorés de tous les titres sublimes qui convenoient à celui dont ils étoient les emblêmes; ce fut devant eux qu'on adreffa à l'Etre Suprême des louanges & des prieres, qu'on exerça tous les actes de la Police & de la Religion, & qu'on remplit enfin tout le cérémonial Théocratique. On croit déja, sans doute, que c'est l'idolatrie; non, ce n'en est que la porte fatale.

Je n'adopte point le sentiment affreux que les hommes sont devenus idolâtres de plein gré, de deffein prémédité, & qu'ils ont été capables d'en avoir formé un fyftême raifonné, pour l'exécuter enfuite. Ce fentiment eft auffi contraire à la Philofophie qu'il feroit deshonorant pour l'humanité. Encore moins doit-on s'arrêter aux opinions d'un Cumberland * & de quelques autres, qui ont prétendu que l'idolâtrie s'étoit établie fur la Terre en haine de l'Etre Suprême & des juftes. Jamais les hommes n'ont haï la Divinité; jamais dans leurs égaremens mêmes ils n'ont entiérement méconnu fon exiftence & fon unité: ce n'eft point non plus par un faut rapide qu'ils ont paffé de l'adoration du Créateur à l'adoration de la créature; ils font devenus idolâtres fans le fçavoir, & fans vouloir l'être, comme ils font enfuite devenus efclaves fans avoir jamais eu envie de fe mettre dans l'efclavage.

La Religion primitive de l'homme s'eft corrompue; fon amour pour l'u-

* Auteur Anglois, Commentateur des Fragmens de Sanchoniaton.

nité s'est obscurci peu à peu ; le progrès lent & insensible qu'a fait l'ignorance, par l'oubli du passé, par le trop grand appareil du culte extérieur, par les suppositions qu'il a fallu faire pour soutenir un Gouvernement surnaturel, & par la négligence des instructions infiniment nécessaires ; dans un culte & dans une police toute figurée, ces instructions étoient dégénérées, parce que l'ordre Sacerdotal qui les devoit donner étoit dégénéré lui-même, qu'il étoit devenu presque aussi ignorant que le peuple, qu'il étoit plus avare que lui, & plus intéressé encore que le vulgaire à voir multiplier les tributs, les victimes, & les dons avec les emblêmes multipliés du Dieu Monarque ; c'est ainsi que long-temps après, d'autres siecles d'ignorance & d'avarice ont vu multiplier les Saints dans le Christianisme.

Nous pouvons donc très-légitimement soupçonner que chaque Nation

s'étant rendu son Dieu Monarque sen‑
sible, plus par simplicité que par des
vues idolâtres, se conduisit encore quel‑
que temps vis-à-vis de ses emblêmes a‑
vec une circonspection religieuse &
intelligente : c'étoit moins Dieu qu'on
avoit voulu représenter, que le Mo‑
narque.

C'est ainsi que dans nos Tribunaux
les Magistrats ont toujours devant les
yeux le portrait de leur Souverain, qui
rappelle à chaque instant, par sa ref‑
femblance, & par les ornemens de la
Royauté, le véritable Souverain, qu'on
n'y voit pas, mais qu'on sçait exifter
ailleurs, demeurer en tel palais, & dont
on pourra s'approcher, si l'on se trou‑
ve obligé de recourir à sa justice ; un
tel tableau ne peut nous tromper, il
n'est pour nous qu'un objet rélatif &
commémoratif. Telles furent, sans dou‑
te, les premieres images de la Divini‑
té; si nos peres s'y tromperent cependant,
& s'ils perdirent avec le temps

leurs premières intentions de vue ,
c'eſt qu'il ne leur fut pas auſſi facile
de peindre la Divinité qu'il nous l'eſt
de peindre un homme mortel. Quels
rapports pouvoient avoir, en effet, a_
vec le Dieu regnant, toutes les différentes effigies qu'on en put faire? Ce
ne put être que des rapports imaginaires & de pure convention , * par con-

* Les hommes établirent réellement des rapports conventionnels. Comme Dieu pourvoit à
nôtre ſubſiſtance , les uns choiſirent pour le repréſenter, le bœuf qui laboure, ou la vache qui
nourrit. Comme Dieu veille & qu'il voit ſans
ceſſe , quelques-uns choiſirent un chat , parce
que ſes yeux brillent, même pendant la nuit ;
pluſieurs autre prirent un chien, parce qu'il eſt
la garde & le ſurveillant fidele de la ſûreté de
la famille; ceux qui, un peu plus éclairés, ſçavoient encore qu'on ne pouvoit repréſenter la
Divinité par aucune figure, & qui vouloient néanmoins avoir des objets ſimples pour s'élever
vers elle en certains temps, choiſirent certains
arbres , certains arbriſſeaux , certaines plantes
utiles , ou même une pierre brute, enfin le plus
grand nombre fit choix du Soleil ou de la Lune : ceux qui choiſirent des pierres ou autres
corps inanimés pour ſe rappeller la Divinité,
les oignoient d'huile. Cette cérémonie, dont
on a fait par la ſuite une conſécration idolâtre ,
n'étoit primitivement qu'un moyen de diſtinguer

féquent toujours propres à dégrader le Dieu ou le Monarque, fi-tôt qu'òn n'y joignoit plus une inftruction & une explication. Par-là le culte & la police, de fimples qu'ils devoient être, devinrent compofés & allégoriques: par-là le Prêtre vit accroitre la nécesfité de fon état, & les befoins que l'on eut de fon miniftere. Il fe forma dèslors une fcience nouvelle & bizarre, qui fut particuliere au Sacerdoce, & dont il augmenta les difficultés pour fe mettre en plus grande confidération. Plus il devoit être ouvert & fincere devant le peuple, plus il devint caché & myftérieux; la Religion devint un fecret, & les Prêtres s'imaginant la faire refpecter par une obfcurité myftérieufe, l'éteignirent tout-à-fait; au lieu de dévoiler la Divinité que les

ces objets de tous les autres, & de les reconnoître facilement, parce que les taches d'huile ne s'effacent jamais; on s'imagina avec le temps que cette onction donnoit une vertu, & on ne la pratique plus que dans cette intention ridicule.

hommes cherchoient fincérement, ils
les rendirent idolâtres, & ils confer-
verent pour eux feuls le fens & l'interprétation de tous les emblêmes, de toutes les allégories, & de tous les ufages
fymboliques qu'ils multiplierent à l'infini.   C'eft de là que fortirent des langues Théologiques & barbares, des
écritures facrées, & ces appareils hié-
roglyphiques, qui furent toujours inacceffibles & incompréhenfibles au vulgaire.   Enfin, c'eft depuis ces temps-
là que les Prêtres regarderent comme
leur domaine & comme leur propriété
le dépôt de la Religion des hommes,
& qu'ils prétendirent tenir de droit
divin un Miniftere public, qui ne leur
avoit été confié que par leurs conci-
toyens.

Le Genre-Humain, amené à pas
lents & infenfibles au point de ne plus
connoître fon Dieu & fon Monarque,
ne fit plus que des chutes précipitées.
Si toutes les différentes Nations euffent

au moins pris pour figne dé la Divinité régnante le même objet & le même
fymbole, l'unité du culte, quoique
dégénéré, eût pu fe conferver encore
fur la Terre: mais, comme nous avons
dit, les uns prirent un figne ou un emblême, & les autres en prirent un autre. L'Etre Suprême, fous la figure
du Soleil, de la Lune, d'une pierre,
d'une ftatue, d'un bœuf, &c. fe vit
adoré par-tout; mais il ne fut plus le
même dans l'extérieur qui le rendoit
fenfible.

Chaque Nation s'habitua à confidérer l'emblême qu'elle avoit choifi,
comme le fymbole le plus véritable &
le plus faint de la Divinité. Chacune
d'elles y vit enfuite le vrai Dieu, & le
feul Monarque ; & les emblêmes étant
différens en tous lieux, comment fe fe-
roient-elles imaginé qu'elles n'avoient
toutes que le même Dieu, & qu'il étoit
par-tout le même ? *

* Les Philofophes du Paganifme ont tous con-

L'unité des Nations fut donc rompue. La Religion générale étant éteinte, un fanatisme général prit sa place, & dans chaque contrée il eut son étendart particulier; chacun regardant son Dieu & son Roi comme le seul véritable, crut posséder la vraie Religion de ses peres; chaque Nation crut être la seule religieuse, la seule chérie de l'Etre Suprême; & du souvenir de l'ancienne vérité, il ne resta qu'une

nu cette grande vérité, & c'est par-là qu'ils expliquerent aux Chrétiens de la primitive Eglise, les bizarreries & les variétés de leur culte. Les Chrétiens regarderent alors leurs raisonnemens comme une imagination nouvelle inventée par les Payens pour pallier le culte des Démons; on peut aujourdhui les juger par cet ouvrage & par les paroles de Plutarque. (p. 377. & 378.)
,, Comme le Soleil, la Lune, le Ciel, la Ter-
,, re, la Mer, sont communs à tous les hom-
,, mes, dit-il, mais ont des noms différens,
,, selon la différence des Nations & des Lan-
,, gues; ainsi, quoiqu'il n'y ait qu'une *Divinité*
,, *unique*, & une Providence qui gouverne l'U-
,, nivers, & qui a sous elle différens Ministres
,, subalternes, on donne à cette Divinité, *qui*
,, *est la même*, différens noms, & on lui rend
,, différens honneurs, selon les loix & les cou-
,, tumes de chaque pays.

fatale impreſſion, qui porta chaque peuple à aſpirer à la Monarchie uni‑ verſelle, parce qu'elle étoit réellement due à l'Etre Suprême, que chaque peu‑ ple regardoit comme ſon Monarque, ſous des formes & des noms différens. Dans le langage des Prêtres, le Dieu dont ils étoient les Miniſtres fut l'en‑ nemi jaloux de tous les Dieux voiſins; bientôt toutes les Nations furent repu‑ tées étrangeres ; on ſe ſépara d'elles, on ferma ſes frontieres, & les hommes devinrent enfin, par naiſſance, par état, & par Religion, ennemis déclarés les uns des autres. Telle eſt la ſource de toutes les calamités ſanglantes, qui ont, depuis cette époque, dévaſté l'U‑ nivers ſous le voile ſacré de la Religion.

C'eſt une choſe bien digne de notre attention que la ſimplicité de cette ori‑ gine de l'idolâtrie, que la moindre in‑ ſtruction des Prêtres eut pû détourner & prévenir, s'ils euſſent été bien in‑ tentionnés pour le Genre‑Humain. Il

eſt vrai qu'ils étoient ignorans & idolâtres eux-mêmes; mais pourquoi ceux
qui prétendent ne l'avoir jamais été,
pourquoi ces ſublimes Prophetes des
Hébreux qui ſçavoient ſi bien les cho-
ſes futures, n'en avertirent-ils pas les
peuples voiſins, & les Iſraëlites eux-
mêmes, qui furent perpétuellement
idolâtres? Au-lieu de s'élancer perpétuellement dans l'avenir, que ne por-
toient-ils un flambeau plus utile ſur le
paſſé, ſans s'épuiſer en injures ridicu-
cules contre les vaines Divinités des
Nations, qu'ils traitoient par-là eux-
mêmes comme des Etres réels? Que
ne les anéantiſſoient-ils par un mot
d'inſtruction? Le Dieu de ces prétendus inſpirés, qu'ils font toujours paroître dans une colere implacable,
criant ſans-ceſſe à la vengeance, &
menaçant perpétuellement de punir les
Nations, & de briſer leurs idoles,
pouvoit-il être le vrai Dieu s'il lui
étoit plus facile d'exterminer que d'inſtruire?

L'on voit encore dans cette origine
de l'idolâtrie, combien le germe funefte des guerres de Religion & de
l'intolérance eft ancien; c'eft un reproche mal fondé que l'on a fait au
Chriftianifme d'en avoir le premier
montré la fureur; il ne feroit pas difficile de prouver que prefque toutes les
guerres, foit du Judaïfme, foit du Paganifme, ont eu des motifs religieux.
Juvenal nous en fait connoître l'origine telle que je viens de la donner, lorfque parlant dans fa quinzieme Satyre
des fuperftitions & des guerres civiles
de deux peuples d'Egypte, il nous dit
que ces peuples haïffoient mortellement
les Dieux de leurs voifins, chacun étant
perfuadé qu'il n'y en avoit point d'autre que le fien.

Inde furor vulgo quod numina vicinorum
Odit uterque locus, cum folos credat habentes
Effe Deos, quos ipfe colit.

Ce feroit actuellement un travail des
plus

plus curieux & des plus inftructifs, de
fouiller dans l'Antiquité, & dans la
Religion de tous les peuples, pour y
examiner les tournures fingulieres &
recherchées qu'il fallut prendre alors
pour accorder avec les nouveaux Préjugés qui fe formerent de toutes parts,
les anciens dogmes du Grand Juge, du
Jugement dernier & de la vie future;
dogmes puiffans, qui, même en fe
corrompant, ne s'éteignirent jamais
totalement.

Pour accorder l'invifibilité de l'Etre
Suprême, que la faine raifon admet-
toit toujours, avec fon emblême vifible, on relégua dans le Sanctuaire ces
idoles muettes & ftupides; on rendit
les abords de ce Sanctuaire terribles &
diff es au vulgaire; on cacha jufqu'au
nom du Dieu Monarque; bientôt le
Préjugé s'imagina qu'on ne pouvoit le
prononcer fans mourir.

Pour accorder un cérémonial avec
l'ancienne attente du Grand Juge à la
L

fin des temps, qui étoit dégénérée en une attente réglée par tous les Périodes aftronomiques & aftrologiques, on imagina des defcentes invifibles du Grand Juge dans le Sanctuaire à la fin des années, & autres révolutions périodiques & fabbatiques : on fit fortir du Temple fes emblêmes, pour les promener une fois par an, ou une fois par fiecle, afin de les montrer au peuple, tantôt derriere des voiles, tantôt dans une obfcurité artificielle & tantôt environnés d'attributs effrayans ; & ces jours folemnels devinrent pour les uns des jours de trouble & d'effroi ; pour d'autres, de confolation & de réjouïffances, & pour tous, des jours d'une extravagante fuperftition, * pour

---

* Au renouvellement de chaque année civile, les juifs fe font toujours imaginés, & s'imaginent encore, que le Grand Juge exerce alors du haut du Ciel un jugement fur tous les hommes ; c'eft par là qu'ils expliquent toutes les auftérités qu'ils pratiquent alors. *Cere. Relig. tom.* 3.

Il y a une infinité de peuples qui ont la même chimere, & qui en conféquence ont des Pé-

accorder l'immatérialité de l'Etre Suprême avec la grossiéreté du symbole

nitences & des Indulgences périodiques que leurs
Prêtres leur administrent de la part de la Divinité. Les Japonois ont dans l'année un mois
qu'ils appellent *le mois de l'arrivée invisible des
Dieux*. Les Chrétiens ont un mois de l'année
qu'ils appellent *Advent*, ce qui est la même chose ; c'est un temps de pénitence comme au Japon, dont l'ancien principe n'a été que de se
préparer au Jugement de la fin de l'année, à
l'arrivée du Grand Juge, & au renouvellement
futur. Si les Chrétiens ont encore un Carême
dans le Printemps, c'est que les Romains, dont
ils ont pris en partie les coutumes, commen-
çant leur année civile en Mars, pratiquoient
leurs purifications & leurs expiations dans tout le
mois de Février.

A Trichinapaly, le Dieu *Brama* descend une
fois chaque année dans la Pagode ; quelques
Théologiens du pays prétendent qu'il meurt &
qu'il ressuscite chaque année. *Cer. Relig. tom.* 6.

A Jaghinat, ville du même pays, le Dieu
sort une fois l'an de son Temple ; le peuple y
accourt de l'extrémité de l'Inde ; l'idole montée
sur un énorme char est promenée par la ville,
& elle écrase sous ses roues tous ceux qui ont
la dévotion de s'y faire rouer : c'est un grand
bonheur de mourir ainsi ce jour-là, parce que
c'est un jour de rémission, pendant lequel les
portes de la vie future sont ouvertes. *Cer. Rel. t.* 6.

Les *Camis*, Divinités Japonoises du second
ordre, ne sortent de leurs Temples & de leurs
Châsses, qu'une fois par siecle : ce sont les Jubilés du pays. *Cer. Relig. t.* 6.

dans lequel on prétendoit qu'il réfi-
doit, ou qu'il venoit réfider en certains
temps, on inventa des Métamorphofes,
des Métempfycofes, des Incarnations,
& des Alliances myftiques, auffi abfurdes qu'impies, d'un Dieu avec des ma-
tieres groffieres, avec des animaux,
avec des hommes & des femmes; &
pour s'élever à tout ce qu'il y avoit de
furnaturel dans cette Religion figurée,
on fut obligé de defcendre à tout ce
qui étoit de plus déraifonnable.

Au Temple de la Déeffe de Syrie, où, comme nous l'apprend Lucien, on faifoit encore de
fon temps des commémorations du Déluge, la
Déeffe fortoit une fois l'an de fon Sanctuaire,
accompagnée de tous les Dieux, pour aller vifi-
ter dans un Lac fon poiffon favori. Jupiter par-
loit le premier; mais la Déeffe qui appréhendoit
que fon poiffon ne mourût ce jour-là, s'il voyoit Jupiter, engageoit ce Roi des Dieux, par
careffes & par prieres, à retourner fur fes pas.
Toutes ces cérémonies commençoient par les allarmes & la terreur; on pratiquoit des péniten-
ces outrées; les dévots fe déchiroient de la façon
la plus cruelle; mais le retour de Jupiter ra-
menant la joie & le plaifir, elle finiffoit par des
feftins & des réjouiffances. Ce n'étoit, comme
on voit, qu'une ridicule allégorie de l'apparition du Grand Juge à la fin des temps,

Comme l'ignorance ne tarda pas à confondre tous les uſages religieux a‑ vec tous les uſages commémoratifs qui faiſoient une partie de la Religion , & comme les repréſentations de l'ancien état du Genre‑Humain , toutes ſymboliques auſſi , étoient réglées par les mêmes Périodes qui régloient le Cérémonial Théocratique , & tout ce qui avoit rapport aux dogmes ſacrés , il s'enſuivit encore de nouveaux égare‑ mens & de nouvelles fables. Tous les différens ſymboles de ces commémorations de l'hiſtoire de la Nature , ſe changerent inſenſiblement en perſonnages illuſtres , auxquels on prêta de grandes avantures mêlées de biens & de maux , de grandeur & de miſere ; parce que les anecdotes de la ruine & du rétabliſſement du Monde prenant une nouvelle face , devinrent néceſſairement leurs Légendes. L'intérêt que prit le Genre‑Humain au ſort de ces emblêmes perſonifiés , fit qu'on les con‑

fondit bientôt avec les emblêmes du Grand Juge, qui fe perdit dans la fou‑le ; & même les uns & les autres pa‑roiffent & difparoiffent dans les mêmes temps ; on crut quelles étoient les mê‑mes, qu'elles avoient rapport au mê‑me objet, & on les divinifa.

Par ces nouvelles méprifes, la vie du Dieu Monarque & du Grand Juge, fe trouva ornée de tous les détails hifto‑riques des fêtes commémoratives. Ce fut le Soleil éteint & ranimé que l'on adora ; ce fut le Monde détruit & ré‑tabli qui devint l'’objet du culte pu‑blic, fous le nom des *Ofiris*, des *Atys*, des *Adonis*, des *Bacchus*, &c. L'on s'imagina que ces Dieux étant autre‑fois defcendus fur la Terre pour y faire du bien aux mortels, pour les civili‑fer, & leur donner des Loix, avoient éprouvé dans leur vie humaine de gran‑des traverfes, qu'ils avoient fuccombé fous des ennemis puiffans, mais qu'a‑près leur mort, qui avoit été cruelle,

ils étoient tous glorieusement reſſuſci-
tés : par là la folle Antiquité ſe plon-
geant de plus en plus dans l'erreur,
prépara pour les ſiecles à venir une
nouvelle idolatrie; car les uſages d'où
ſortirent ces abſurdités, ayant eu primitivement pour objet des inſtitutions
ſur l'avenir, auſſi-bien que les commémorations du paſſé, on crut voir dans
ces fauſſes hiſtoires, & dans ce culte
défiguré, les événemens futurs, les
traverſes, & les grandeurs de ces chimériques perſonnages, qui prirent dans
l'eſprit des peuples la place de cet ancien Grand Juge que l'on avoit atten-
du autrefois.

On attendit donc de nouveaux *Oſiris*,
& de nouveaux *Adonis*, qui devoient
avoir le même ſort que les anciens, &
éprouver tous les maux & tous les
biens qu'avoient déja éprouvés les premiers. Chaque Nation eut ainſi ſon attente particuliere, & ſe tint prête au
premier ſigne du Ciel, à ſe porter vers

un nouveau fanatifme, & vers de plus grandes extravagances.

Les Romains, tout Républicains qu'ils étoient, attendoient du temps de Cicéron un Roi prédit par les Sibylles, comme on le voit dans le Livre de la Divination de cet Orateur Philofophe; les miseres de leur République en devoient être les annonces, & la Monarchie univerfelle la fuite. C'eft une anecdote de l'Hiftoire Romaine, à laquelle on n'a pas fait toute l'atttention qu'elle mérite, & l'on ignore encore à quel point elle contribua aux grands événemens qui fe pafferent alors dans cette fameufe République.

Les Hébreux attendoient tantôt un Conquérant, & tantôt un Etre indéfiniffable, heureux & malheureux. Ils l'attendent encore avec un *Elie* & un *Enoch*, qui ne font, ainfi que lui, que des Grands Juges perfonifiés.

L'Oracle de Delphes, comme on le

voit dans Plutarque, * étoit dépositaire d'une ancienne & secrette prophétie sur la future naissance d'un fils d'A-
pollon, qui améneroit le regne de la
Justice; & tout le Paganisme Grec &
Egyptien avoit une multitude d'Oracles qu'il ne comprenoit pas, mais qui
nous décelent de même cette chimere
universelle. C'étoit elle qui donnoit
lieu à la folle vanité de tant de Rois &
de Princes qui prétendoient se faire
passer pour fils de Jupiter. Les autres
Nations de la Terre n'ont pas moins
donné dans ces étranges visions : les
Persans attendent *Ali* à la fin des temps;
les Chinois attendent un *Phelo;* les Ja-
ponnois, un *Peyrum,* & un *Combado-*
xi; les Siámois, un *Sommona-Codom;*
les Indiens du Mogol, un Dieu sous la
forme d'un cheval. Tous les Américains attendoient du côté de l'Orient,
(qu'on pourroit appeller le Pole de

* Vie de Lysandre.

l'efpérance de toutes les Nations) des enfans du Soleil ; & les Mexicains en particulier attendoient un de leurs anciens Rois, qui devoit les revenir voir par le côté de l'Aurore, après avoir fait fon tour du Monde. Enfin, il n'y a aucun peuple qui n'ait eu fon expectative de cette efpece, à laquelle on ne comprendroit rien, fi mutuellement elles ne s'expliquoient les unes, par les autres, & fi par le concours des différentes anecdotes qui y font jointes, elles ne dévoiloient qu'elles ont eu toutes primitivement pour objet l'attente d'un Grand Juge, du Jugement dernier & de la vie future à la fin des temps, dont les fymboles ont été corrompus & perfonifiés dans une très-haute Antiquité & fous des noms différens en chaque climat.

C'eft encore par une fuite de la méprife qui fit confondre les fymboles allégoriques de l'hiftoire de la Nature avec les repréfentations du Dieu Monarque, que les histoires de tous les Dieux, de tous les Législateurs se ressemblent par une multitude de traits singuliers; c'est que malgré la différence des noms, ils ne sont tous que le Dieu Monarque, dont les Légendes sont ornées des anecdotes de la Nature, rendues selon le sens corrompu que l'on donna aux anciens monumens, & aux commémorations devenues inintelligibles. Ces anecdotes ont été le moule commun où toute l'Anquité a fondu, pour ainsi dire, presque tous ses Dieux, ses Rois, ses Législateurs, ses Héros & ses grands hommes; aussi Macrobe les ramene-t-il tous au Soleil, tandis que d'autres les ramenent tous à Jupiter. Le sçavant Huet les voit tous dans Moïse, sans en excepter aucun, & plusieurs interpretes les ont tous vus dans Abraham. On a trouvé *Saturne*, *Mercure*, *Bacchus*, & *Apollon*, dans *Noé*, *Cham*, *Jacob*, & *David*. Enfin toutes les Divinités Payennes ont été

vues dans les Patriarches Hébreux, &
tous ces Patriarches se voyent de même dans ces Divinités ; cahos singulier,
où tous les Sçavans se sont perdus,
mais qui n'a d'autre source que la variété des noms, suivant les langues &
suivant les attributs de l'unique & ancien symbole du Roi Théocratique,
qui, s'étant comme fécondé de lui-même, a rempli les annales de tous les
peuples.

Quand on considérera l'idolatrie sous
ce point de vue, à peine sera-t-elle une
idolatrie ; l'unité d'erreurs y décele à
chaque pas l'unité d'une vérité primitive, qui n'a été obscurcie que par la
variété de ses noms & de ses titres.

SECTION XI.

Abus Politiques du Gouvernement Théo-
cratique.

LE déplorable état dans lequel se
plongea la Religion primitive du Genre-Humain, par les funestes suites de
l'appareil Théocratique, nous peut faire juger de tous les désordres dont la
police & l'administration civile dûrent
être aussi défigurées. La Théocratie,
en rendant l'homme idolâtre, le rendit
encore esclave, barbare, & sauvage;
quel grand & sublime que paroisse un
Gouvernement qui n'a d'autre point de
vue que le Ciel, & qui prétend en faire son modele, il ne peut néanmoins
avoir qu'un succès funeste sur la Terre, & un édifice politique construit i-
ci-bas d'après une telle spéculation, a
dû nécessairement s'écrouler & produire les plus grands maux.

Entre cette foule de fauſſes opinions dont nous avons déja vu en partie que la Théocratie remplit l'eſprit humain, il s'en éleva deux encore infiniment contraires au bonheur de la Société, quoiqu'elles ayent été ſinguliérement oppoſées l'une à l'autre.

Le tableau qu'on ſe fit de la félicité du Regne Céleſte, fit naître de fauſſes idées ſur la liberté, ſur l'égalité, & ſur l'indépendance. D'un autre côté l'aſpect d'un Dieu Monarque, ſi grand & ſi immenſe, réduiſit l'homme preſque au néant, & le porta à ſe mépriſer lui-même, & à s'avilir volontairement. Par ces deux extrêmes, l'eſprit qui devoit faire le bonheur de la Société, ſe perdit également. Dans une moitié, on voulut être plus qu'on ne pouvoit, & qu'on ne devoit être ſur la Terre; & dans l'autre on ſe dégrada au deſſous de ſon état naturel; enfin on ne vit plus l'homme, mais on vit paroître le ſauvage & l'eſclave.

Le deſſein des premiers hommes avoit
été cependant de ſe rendre heureux par
cette ſublime perſpective du regne du
Ciel, & il y a quelque apparence qu'ils
y avoient en partie réuſſi pendant un
temps, puiſqu'ils ont par la ſuite toujours chanté cette époque comme celle de l'âge d'or, du regne de la Juſtice, & tous les Poëtes ſe ſont épuiſés
pour célébrer à l'envie cette primitive
félicité.   *Chacun étoit libre dans Iſraël,*
dit auſſi l'Ecriture, en parlant du commencement de la Théocratie Judaïque,
chacun faiſoit ce qui lui plaiſoit, & vi-
voit alors dans l'indépendance. *

Si ces temps merveilleux, où l'on
voit néanmoins le germe des abus futurs, ont exiſté, ce n'a pu être que
dans les abords de cet âge myſtique,
où le Genre-Humain, encore affecté
de ſes malheurs, étoit dans toute la
ferveur de la Morale & de la Reli-

* Juges, 17. 6.

gion; & comme dans l'héroïſme de la
Théocratie. Mais cette félicité & cette juſtice n'ont dû être que paſſageres,
parce que la ferveur & l'héroïſme, qui
ſeuls pouvoient ſoutenir le ſurnaturel
d'un tel Gouvernement, ſont des vertus momentanées, & des ſaillies religieuſes qui n'ont jamais de durée ſur
la Terre.

Si la Théocratie céleſte doit être un
jour là-haut un état conſtant de juſtice, de liberté & de béatitude, il n'en
eſt pas de même d'une Théocratie ter-
reſtre, où le peuple ne peut qu'abuſer
de ſa liberté, & où ceux qui comman-
dent ne peuvent qu'abuſer du pouvoir
du Ciel; ainſi il eſt vraiſemblable que
ce Gouvernement s'eſt perdu dans ces
deux excès. Par l'un, tout l'ancien
Occident a changé ſa liberté en brigandage, en une vie errante & tout-à-
fait ſauvage; par l'autre, tout l'ancien
Orient s'eſt aſſervi à des Tyrans.

Les peintures que les Anciens nous
ont

ont faites du siecle, d'or, de la simplicité & de l'indépendance dans laquelle on y vivoit, m'ont toujours paru avoir un tel rapport avec l'état des Américains, que j'ai peine à m'empêcher de regarder la décadence du Regne Théocratique comme l'époque du genre de vie que menent depuis tant de siecles tous les peuples de cette vaste contrée: non que je croye que le Gouvernement Théocratique ait été dans son origine aussi brut & aussi sauvage; mais je me le représente assez peu fixe, & assez peu déterminé, pour que les Américains, qui semblent avoir toujours été plus simples que les autres peuples de la Terre, ayent pu tomber dans les désordres dont nous venons de parler, en se rendant tout-à-fait libres, indépendans, & Sauvages. Je suis d'ailleurs assez porté à croire que leur maniere de vivre n'est qu'accidentelle, & qu'elle dépend bien plus de leurs Préjugés que de cet état de natu-

M

re que je regarde comme une chimere.

La multitude des traditions & des ouvrages Théocratiques que j'ai trouvés chez les plus barbares de cette Religion, est, selon moi, un fort indice de leur origine, de leur vie singuliere, & en même temps une preuve presque autentique qu'aucun de ces peuples n'est dans son état primitif & naturel, mais qu'ainsi qu'il est arrivé dans toutes les autres parties du Monde, ils ont autrefois vécu sous ce Gouvernement mystique, d'où l'esclavage ou le brigandage ont dû sortir, selon que le génie des Nations aura concouru avec la nature de leurs climats, pour rendre ces effets de l'ancienne Théocratie plus sensibles.

Jettons pour la seconde fois un coup d'œil sur la naissance du Christianisme qui l'a renouvellée en partie. Que seroient devenus tous les zélés de la primitive Eglise, si on ne leur eût pas bâti des retraites au milieu des Sociétés, dans

ces temps de phrénéfie où l'attente
du regne du Ciel leur faifoit tout a-
bandonner fur la Terre, & lorfqu'ils
ne vouloient plus être des hommes,
mais des Anges ? Que font devenus
tant de milliers d'Hermites qui vécu-
rent alors en vrais Sauvages dans les
déferts de la Thébaïde ? Qui fçait fi
dans les déferts de l'Afrique il n'y a
pas encore aujourdhui quelques-uns de
leurs defcendans, qui y mangent de la
chair humaine :

On célebre beaucoup une ville d'O-
xiringue * qui n'étoit compofée que de
Moines, foit au dedans, foit au dehors:
on y en comptoit dix mille, ainfi que
vingt mille Vierges, fans ceux qui é-
toient difperfés dans les montagnes voifines, où il y en avoit plus de quarante
mille. Si dans cette quantité nous n'en
fuppofons qu'un par centaine qui fût
dégoûté de fon état, n'en réfulteroit-il

* *Hift. Ecclef. t.* 5. *p.* 25.
M 2

pas une quantité d'hommes & de femmes suffisante pour avoir depuis dix-huit
siecles peuplé toute l'Afrique de Barbares?

Quand on veut être sur la Terre plus
qu'un homme, l'humanité est bientôt
perdue. Les Communautés Religieuses
qui parurent ensuite dans toutes les parties de l'Empire Romain, formeroient
le tableau contraire à celui-là; si nous
voulions les étudier & les suivre, nous
y verrions l'homme animé des mêmes
faux principes, faire le sacrifice imbé-
cille de sa liberté & de sa volonté, &
donner lieu par là à la servitude des
Cloîtres & au Despotisme Monacal;
mais il me suffit d'avoir fait apercevoir
ces doubles abus & leurs principes.
C'est sur une plus grande scene qu'il
faut continuer de nous instruire de tous
les maux qu'ont produit la Théocratie
& les Gouvernemens, qui, comme elle, ont affecté d'imiter le Regne du
Ciel.

L'hiftoire de l'Orient & le caractere des Orientaux, femblent devoir nous
faire penfer que dans ces climats les
Théocraties fe font moins corrompues
par le brigandage des peuples, que par
les tyrannies de leurs Miniftres. Les
Symboles, les Coffres, les Arches &
les Idoles par lefquelles on y repréfen-
toit le Grand Juge, n'étoient rien;
mais les Officiers qu'il fallut leur donner étoient des hommes, & non des
créatures céleftes, incapables d'abufer
d'une adminiftration qui leur donnoit
tout pouvoir. Quoique Dieu fût l'u-
nique Roi de la Société, comme il n'y
a aucun pacte ni aucune convention à
faire avec un Dieu, la Théocratie dès
fon inftitution & par fa nature fut un
Gouvernement Defpotique, dont le
Grand Juge étoit le Sultan invifible, &
dont les Prêtres étoient les Vizirs &
les Miniftres, c'eft-à-dire, les Defpotes réels.

De tous les vices politiques de la

Théocratie, voilà le plus fatal, & celui qui prépara la voye au Despotisme Oriental, & à l'horrible servitude qui en fut la suite. C'est ici que le Lecteur doit sentir que je n'aurois pu l'amener à cette fatale époque, si, avant de lui parler de ce Gouvernement, je n'eusse pas commencé par lui faire connoître les erreurs morales & religieuses, sorties des Théocraties, & si je ne lui avois exposé ce qui leur avoit donné lieu, en lui dévelopant cette grande chaîne de tous les égaremens des hommes.

Quoique la Théocratie fût par elle-même & dès sa naissance un véritable Despotisme, il est vraisemblable, cependant, que les premiers âges ne se sont point sentis des abus qui devoient en naître un jour. Nous pouvons le croire, parce que les nouveaux établissemens sont ordinairement soutenus par la ferveur, & parce qu'il en étoit resté un souvenir qui fut toujours cher à tou-

tes les Nations; les Miniſtres viſibles
auront, ſans doute, été dignes de leur
Maître inviſible, au moins pendant un
certain temps; mais puiſqu'au milieu
de la ſervitude qui regne aujourdhui
& depuis tant de ſiecles dans l'Orient,
les hommes y ſont encore univerſelle-
ment dociles & ſoumis, ce doit être
une preuve que les Miniſtres y ont abuſé de leur puiſſance avant que les peuples ayent abuſé de leur liberté.

Par le bien que les Prêtres auront pu
faire d'abord, les hommes ſe feront
accoutumés à reconnoître en eux un
pouvoir divin & ſuprême; par la ſageſſe de leurs premiers conſeils, on ſe
ſera habitué à leur obéir, & chacun
ſe ſera ſoumis ſans peine à leurs oracles
& à leurs révélations. Peu à peu une
confiance extrême aura ſans doute produit une extrême crédulité; l'homme
prévenu que c'étoit un Souverain immuable qui vouloit & qui comman-
doit, aura cru ne devoir point réſiſter

à tous ces prétendus organes de la Divinité, lors même qu'ils ne faifoient plus que du mal. Arrivé par cette gradation à ce point de déraifon de méconnoître fon état, fa nature, & fa dignité, l'homme dans fa mifére n'ofa plus lever les yeux vers le Ciel, encore moins fur fes Tyrans; un fanatifme aveugle le rendit efclave, & il crut enfin devoir honorer fon Dieu & fon Monarque en fe dégradant & en s'anéantiffant.

Telle a été vraifemblablement la marche de cet efclavage volontaire qui a avili le Genre-Humain.

Ces malheureux Préjugés forment encore la bafe de tous les fentimens & de toutes les difpofitions où font les peuples Orientaux envers leurs Souverains. Ils s'imaginent que le Diadême a de droit divin le pouvoir de faire le bien & le mal, & que ceux qui le portent ne doivent trouver rien d'impoffible dans l'exécution de leurs vo-

lontés. S'ils souffrent, s'ils sont malheureux par les caprices féroces d'un
Barbare, ils se soumettent alors aux
vuës d'une Providence impénétrable;
& par cent interprétations dévotes &
myſtiques, ils cherchent la solution des
procédés illégitimes & cruels dont ils
sont tous les jours les victimes. *

Le Sacerdoce Théocratique, devenu
Despotique à l'abri des sacrés préjugés
des Nations, couvrit la Terre de Tyrans. Les Prêtres seuls furent les Souverains du Monde, & rien ne leur ré-
siſtant, ils disposèrent des biens, de
l'honneur & de la vie des hommes. Les
temps qui nous ont dérobé l'hiſtoire
des Théocraties, ont, à la vérité, jet-
té un voile épais sur les forfaits de leurs

* Les Turcs sont dans l'idée que leur Sultan
peut, sans pécher, faire mourir tous les jours
jusquà quatorze personnes; ils croyent que lorsque leur Tyran ordonne la mort d'un de ses
sujets, il ne fait que suivre des inspirations particulieres de la Providence, auxquelles on ne
peut résiſter sans crime. *Voyez l'Hiſt. de l'Empire Ottom. du Prince Cantemir.*

Miniftres ; la Théocratie Judaïque peut, cependant, nous en faire connoître quelques traits. Elle nous expofe quelle fut l'abominable conduite des Prêtres Hébreux fur la fin de ce Gouvernement. Ils ne rendoient plus alors aucune juftice aux peuples ; leur vie n'étoit qu'un brigandage ; ils enlevoient de force & dévoroient en entier toutes les victimes qu'on venoit offrir au Dieu Monarque, qui n'étoit plus qu'un prête-nom ; leur incontinence égalant leur gourmandife, ils dormoient, dit la Bible, avec les femmes qui venoient veiller à l'entrée du Tabernacle. Cette derniere anecdote, fur laquelle l'Ecriture gliffe fi légérement, & fans nous en faire connoître les fuites, eft néanmoins dans l'histoire du Sacerdoce, celle qui en eut le plus chez toutes les Nations, & chez les Hébreux eux-mêmes, quoiqu'ils nous les ayent cachées ou palliées par d'autres fables.

Les Prêtres en vinrent à ce comble

d'impiété & d'infolence, de couvrir
jufqu'à leurs débauches du manteau de
la Divinité. C'eft d'eux que fortirent
une nouvelle race de Créatures, qui
ne connurent d'autre pere que Dieu,
que le Ciel, que le Soleil, & que les
Dieux, & d'autres meres que les miférables victimes, ou que les coupables
affociées de l'incontinence Sacerdotale.
Toutes les Nations virent alors paroître les *demi-Dieux* & les Héros, dont
la naiffance illuftre & les exploits glorieux porterent les hommes à changer
leur ancien Gouvernement, & à paffer
du regne de ces Dieux qu'ils n'avoient
jamais pu voir, fous celui de leurs prétendus enfans, qu'ils voyoient au milieu
d'eux. Evénement fingulier, où l'incontinence du Sacerdoce lui donnant
des Maîtres, fit naître la révolution
qui mit fin au Regne Célefte, & fit
commencer cet âge des *demi-Dieux*,
que toute l'hiftoire férieufe a cru juf-

qu'à préſent devoir retrancher des annales du Monde.

SECTION XII.

Les Théocraties produiſent le Deſpotiſme.

FAtigués du joug inſuportable qu'impoſoient les Miniſtres du Roi Théocratique, & tourmentés par les brigands que les déſordres de la Police avoient produits dans toutes les contrées, les hommes chercherent enfin à ſe mettre à l'abri de tant d'ennemis en réformant leur Gouvernement ; ils penſerent qu'il n'y auroit pas de meilleur moyen que de revenir à l'unité, en remettant entre les mains d'un ſeul toute l'autorité qu'avoient exercée juſqu'alors les familles Sacerdotales.

Ce paſſage de la Théocratie au Gouvernement qui la ſuivit, a pu ſe faire chez les divers peuples du Monde en

divers temps , & les événemens qui
l'ont amené, ont pu être différemment
modifiés & circonftanciés. On pourroit peut-être foupçonner que les anciennes Théocraties ont dès-lors pu
donner lieu à la formation des Républiques ; mais après la trifte expérience des maux qui étoient réfultés de
l'adminiftration de plufieurs, il eft
vraifemblable qu'il n'y eut alors aucune Société qui prit le parti Républicain ; ainfi je ne préfume point que
l'on puiffe jamais trouver dans cette
révolution l'époque de ce genre de
Gouvernement.

Quoique les Nations fuffent dégou-
tées du miniftere des Prêtres de la Théocratie, elles ne perdirent point, néanmoins, de vue cette ancienne chimæ-
re. Toujours religieufement affectées
pour elle, elle ne la quitterent pas même en fe donnant un Roi, & elles s'i-
maginerent qu'elles ne faifoient en cela
que réformer la multitude des organes

du Dieu Monarque, qu'elles continuerent de regarder comme leur feul & véritable Roi. Toutes les Nations ne fe donnerent un Maître mortel, que dans l'image & la repréfentation du Monarque invifible, en qui elles firent encore réfider le pouvoir fuprême, comme elles avoient toujours fait jufqu'alors. Ceci fe confirme fans peine par le titre faftueux d'*image de la Divinité*, qu'ont foigneufement confervé les Rois de la Terre ; nous verrons dans peu ce qu'étoit ce titre dans fon origine.

Avec de telles préventions fur le Gouvernement d'un feul, on peut juger combien les Nations étoient encore éloignées du parti Républicain ; auffi la haute Antiquité nous apprend-elle qu'on n'y connoiffoit que le Gouvernement Royal, & qu'on n'y avoit aucune idée d'un Etat populaire. Tout l'Orient eft encore aujourdhui dans le même cas : on ne peut y comprendre

ce que c'eſt que nos Républiques d'Europe, & on les regarde comme des Sociétés monſtrueuſes. Préjugé qui n'a
d'autres principes que les anciennes
idées Théocratiques, qui ne ſe ſont
jamais effacées dans cette partie du
Monde.

Nous pouvons eſtimer que dans certaines contrées, le Grand-Prêtre de la
Théocratie aura pu lui-même en devenir le Deſpote, en abaiſſant les ordres
inférieurs qui dépendoient de lui. Ce
ſoupçon pourroit être confirmé par ces
divers Etats de l'Aſie ancienne & moderne, où le Souverain Civil eſt encore
le Souverain Eccléſiaſtique. Néanmoins
l'union de ces deux Puiſſances a pu venir de toute autre cauſe; comme, par
exemple, du ſentiment de cette vérité, qu'un Roi étant le premier de l'E-
tat, doit néceſſairement être le premier Prêtre, comme il eſt le premier
Général, le premier Magiſtrat, en un
mot le premier dans les différens ordres

qui compofent la Société. Ainfi il a pu fe faire que les nouveaux Rois ayent été déclarés auffi les Chefs de la Religion, quoiqu'ils ne faffent point de famille Sacerdotale.

Les hommes, toujours portés vers l'unité & la fimplicité, ont fenti dans tous les temps combien plufieurs Puiffances étoient dangereufes dans un même Gouvernement.

Ceci ne doit pas nous empêcher de reconnoître encore qu'il y eut différens Etats où la révolution qui produifit l'autorité civile d'un feul, laiffa au Sacerdoce toute la police des chofes facrées, & le foin de tout ce qui concernoit la Religion. L'ancienne hiftoire du Japon & de plufieurs autres peuples nous en ont confervé des exemples ; mais cette conduite fut pour ces Etats une fource de diffenfions & de difputes entre les deux Puiffances, qui toutes deux eurent leurs titres pour prouver qu'elles régnoient de droit divin.

Ceux

Ceux fur qui la plûpart des peuples jetterent les yeux alors pour fe donner des Maîtres vifibles , furent vraifemblablement, comme nous l'avons infinué ci-deffus, ces demi - Dieux & ces Héros, enfans des anciens Rois Théocratiques, c'eft-à-dire, des Prêtres.

Le concours des traditions de la plus haute antiquité, qui font toutes fuccéder leurs époques à celle des Dieux, porte fur les temps mythologiques une lumiere hiftorique dont il eft difficile de ne pas fentir ici toute la force. Les rayons de la Divinité que les peuples s'imaginerent reconnoître dans ces hommes merveilleux , dûrent en effet les porter à avoir pour eux une profonde vénération. D'un autre côté , pour foutenir l'honneur de leur naiffance , ces demi-Dieux chercherent fans doute à fe rendre utiles ; & comme leur naiffance même nous dévoile quel étoit l'affreux défordre où la Police & la Religion étoient tombées de leur temps,

N

ils ne manquerent point d'occasions d'acquerir de la gloire & de gagner l'affection des hommes, en faisant la guerre aux Tyrans, en exterminant les brigands, & en purgeant la Terre de tous les monstres qui l'infectoient. La Mythologie profâne confirme singuliérement cette gradation d'événemens; c'est de ces demi-Dieux & de ces Héros dont elle a fait des Destructeurs de voleurs & de Géans, & des Preux incomparables, qui, comme les Paladins de nos Antiquités Gauloises, couroient le Monde pour l'amour du Genre-Humain, afin de rétablir par-tout le bon ordre & la société. Notre Mythologie sacrée, malgré tous ses voiles mystérieux, ne nous a pas fait moins entrevoir ces anciennes vérités. Plusieurs de ces Héros & de ces Juges de la Théocratie Judaïque, qui s'élevoient de temps en temps pour tirer leurs citoyens de la servitude où leur mauvais Gouvernement les faisoit tomber à chaque instant, ont été les enfans des femmes stériles qui devenoient miraculeusement enceintes, après avoir invoqué le Seigneur devant l'Arche, ou devant le Sanctuaire. Tels furent, entr'autres, un *Samson*, dont la mere * fut fécondée par les paroles d'un homme de Dieu, & un *Samuël* qui vint à la lumiere, après les consolations que le Grand Prêtre *Héli* † donna à la femme d'*Eltana*. On ne peut raconter avec plus de décence que fait la Bible, des actions aussi indécentes; mais il faudroit être aveugle pour n'y pas apercevoir toute l'iniquité du mystere.

L'époque des Rois que les annales Payennes font succéder aux regnes des demi-Dieux, & dont elles font souvent une troisieme époque qu'elles distinguent de la seconde, comme elles ont aussi distingué cette seconde de la pre-

* *Juges chap.* 13.
† *Rois chap.* I.

miere, c'est-à-dire, de celle des Dieux,
ne doit pas, je pense, être regardée
comme tout-à-fait distincte & dissem-
blable sous les regnes des demi-Dieux
& des Rois. Ce furent également des
hommes, qui devinrent les représentans de la Divinité; au lieu que sous
les regnes des Dieux, les représentans
n'avoient été que des pierres, des sta-
tues, & divers autres objets bruts ou
inanimés, qui rappelloient l'invisible
Monarque, dont les Prêtres étoient
les Ministres.

Pour expliquer la distinction que ces
annales ont cependant mise entre les
deux dernieres époques, on peut dire
que de ces demi-Dieux sortirent diverses générations, qui regnerent sur la
Terre avec le titre de *race des Dieux*,
qu'elles avoient hérité de leur premiere origine, & que ces races divines s'é-
tant éteintes avec le temps, furent rem-
placées par d'autres Rois de race ordinaire.

Quoi qu'il en soit, il paroît en gé‑
néral que ces deux époques se sont sou‑
vent confondues, qu'elles n'ont eu
qu'une séparation fort indéterminée,
& que les temps qui distinguent la My‑
thologie d'avec l'histoire, sont très‑
vagues & très‑incertains. C'est l'in‑
certitude où l'on a toujours été sur ces
limites, qui a, suivant les apparences,
fait mettre au nombre des Rois de la
Chine, de l'Egypte, de la Grece, de
l'Italie, de tous les peuples enfin, &
même des Juifs, une multitude de per‑
sonnages dont l'histoire fabuleuse ne
paroît appartenir qu'à la Mythologie
des Dieux & des demi‑Dieux.

Le Gouvernement du Dieu Monar‑
que, & la révolution qui arriva dans
l'administration Théocratique, se ca‑
chent donc chez tous les peuples dans
une nuit profonde, & il ne nous reste
que les Hébreux, enrichis des dépouil‑
les de l'Egypte, chez qui nous puis‑
sions retrouver quelques traces de cette

mutation, des caufes qui la produifirent,
& des fuites qu'elle eut pour tout le
Monde.

Samuël étant devenu vieux, * fes
deux enfans, nommés Joël, le *Dieu
Fort*, & Abiah, le *Dieu Pere*, commi-
rent une infinité d'excès, & gouverne-
rent Ifraël d'une maniere fi tyrannique,
que les peuples s'étant émus, les Anciens s'affemblerent & députerent vers
Samuël pour lui porter leurs plaintes
ameres, & pour lui demander, au nom
du peuple, un Roi qui les gouvernât,
qui les jugeât, & qui pût marcher à
la tête de leurs armées. Samuël crut
alors devoir leur repréfenter, qu'ils fe
plongeroient par-là dans une fervitude
plus cruelle. ,, Le Roi que vous de-
,, mandez, dit-il, enlevera vos enfans
,, pour en faire fes Officiers & fes Eu-
,, nuques. Il vous chargera de pefans
,, fardeaux. Vous ferez obligés de la-
,, bourer les champs, de faire fes moif-

* *IV. Rois chap. 7.*

„ fons, & de travailler à fes armes,
„ à fes meubles, & à toutes fes fuper-
„ fluités. Ce Roi prendra vos champs,
„ vos oliviers, & vos vignes pour fa-
„ tisfaire fa cupidité & celle de fes
„ Miniftres ; vos troupeaux feront les
„ fiens ; tout votre bien lui appartien-
„ dra, & vous-mêmes à l'avenir ne
„ ferez plus que fes efclaves. " Tel
fut à cette occafion le fameux difcours
de Samuël, fur lequel on a fait depuis
de fi fréquens commentaires ; la flatte-
rie & la baffeffe y ont trouué un vafte
champ pour faire leur cour aux Tyrans ;
la fuperftition y a vu un fujet digne de
fes rêveries myftiques ; mais perfonne
n'a connu l'efprit Théocratique qui le
dicta. Samuël, en le prononçant, ne
fit aucune attention à la différence extrême qu'il y avoit entre le nouveau Gouvernement que le peuple demandoit,
& celui qu'il défiroit de quitter. Comme le premier, fous les ordres du Dieu
Monarque, avoit été un regne fous le-

quel on avoit penſé qu'il n'y avoit point
de milieu entre le Dieu regnant & le
peuple, que ce Monarque étoit tout,
& que le ſujet n'étoit rien, Samuël
imbu de ces principes trompeurs parla
au peuple ſur le même ton, & appli-
qua à l'Homme Monarque que l'on demandoit, toutes les idées que l'on a-
voit eues ſur la puiſſance, & ſur l'autorité ſuprême du Dieu Monarque. Le
peuple lui-même n'y fit aucune attention, & ſans s'effrayer de l'odieux tableau que Samuël venoit de lui faire du
Chef qu'il vouloit avoir, *N'importe,*
s'écria-t-il, il nous faut un Roi qui mar-
che devant nous, & que nous puiſſions voir
combattre à la tête de nos armées.

Pour démêler ici les motifs de cette
étrange conduite de Samuël & de ſon
peuple, & prévenir l'idée qu'on feroit
prêt d'avoir, qu'il y a eu des Nations
qui ſe ſont volontairement & de propos
délibéré ſoumiſes à l'eſclavage, il faut
ſe rappeller ce que j'ai dit précédem-

ment, que les hommes en rejettant le miniſtere des Prêtres, n'abandonnerent point pour cela le plan du Gouvernement Théocratique, dans lequel on repréſentoit le Dieu Monarque par des ſymboles. Ce ne fut alors que le ſymbole que l'on changea; au lieu de ces différentes figures muettes ou inanimées qu'on alloit conſulter, & dont l'ordre Sacerdotal avoit abuſé, en les faiſant parler ſelon ſes intérêts, on voulut avoir un ſymbole actif & vivant, qui poſſédant par lui-même l'organe de la parole, fit connoître, par une voie plus courte & plus directe, les ordres du Dieu Monarque.

La premiere élection des Rois ne fut donc point une véritable élection, ce ne fut qu'une réforme dans la Théocratie, & dans l'image de la Divinité. Le prémier homme dont on fit cette image n'y entra pour rien; ce ne fut point lui que l'on conſidéra; l'eſprit & l'imagination du peuple reſterent toujours fixés fur le Monarque invifible & Suprême, & les hommes obfédés de leurs anciens Préjugés, ne fongerent point à faire un traité particulier, ou à propofer des conditions refpeétives à celui de leurs femblables qui devint, par cette révolution, le maître des autres.

Ils ne prévirent point alors qu'en prenant un mortel pour repréfentant de la Divinité, fans le foumettre à la raifon publique, & aux Loix communes de la Société, c'étoit fe donner un Tyran ; & ils ne réfléchirent point, que fi ce mortel étoit l'emblême d'un Dieu, il ne falloit point pour cela confondre l'Etre Suprême avec fa fragile repréfentation.

Tant d'abfurdes méprifes, toujours cauíées par la fuperftition & par l'oubli de la raifon, furent, comme on peut déja le prévoir, la fource de mille maux.

Dans les Théocraties précédentes

les Nations s'étoient déja rendues idolâtres , parce qu'elles traiterent Dieu comme un homme ; nous allons bientôt les voir devenir esclaves dans cette nouvelle Théocratie , parce qu'elles traiterent l'homme comme un Dieu.

Les Sociétés s'étant ainsi décidées à repréfenter au milieu d'elles leur Dieu Monarque par un mortel, la plûpart ne mirent dans leur choix d'autre précaution que de choifir l'homme le plus beau & le plus grand. Saül furpaffoit de la tête tout Ifraël * affemblé à Mafpha. Les Scythes , & les Indiens, difent auffi nos anciens Auteurs , † prenoient pour Roi celui dont la taille étoit la plus haute & la plus avantageufe. Ainfi en ont longtemps agi prefque tous les peuples du Monde: ils prenoient bien plus garde aux qualités du corps qu'à celles de l'efprit, parce qu'il ne s'agiffoit uniquement dans ces

* 1. R. 9. 10.
† Diod. de Sicile. Strabon. Q. Curce.

premieres Elections que de voir la Divinité fous une apparence qui répondît
à l'idée qu'on fe formoit d'elle, & que,
pour la conduite du Gouvernement,
c'étoit moins fur le repréfentant que fur
le Monarque invifible que l'on comptoit toujours. Les Rois, ces fuperbes
images de la Divinité, n'ont été dans
leur véritable origine, rien de plus aux
yeux & à l'efprit des peuples, que ce
qu'étoient avant eux ces pierres, ces
idoles, ces bœufs & ces coffres, qui
avoient été regardés de même comme
le fiege & les fymboles du Dieu Monarque.

Le peuple Hébreu ne fe fut pas plutôt donné un Roi, qu'il négligea fon
Arche myftérieufe, que l'on avoit toujours portée dans la Théocratie à la
tête d'Ifraël, comme le char & le fiege du Dieu Monarque, tant de fois
appellé *le Dieu des Combats*. La prife
de cette Arche par les Philiftins, en
avoit déja, fans doute, dégouté les

Israëlites qui l'avoient crue invincible, & cet événement a dû fortement contribuer à leur faire défirer d'avoir un symbole actif & vivant à la tête de leurs armées, puisqu'aussi-tôt qu'ils en eurent un de cette espece, l'autre devint inutile & ne marcha plus jamais. Il en fut vraisemblablement de même par-tout ailleurs, & tous les hommes s'imaginerent avec une égale simplicité, que le Dieu Monarque révéloit ses volontés à ses symboles vivans, comme il les avoit autrefois révélées aux symboles muets & insensibles de la Théocratie précédente. Ils ne furent cependant pas assez imbécilles pour croire qu'un mortel ordinaire pût avoir ce grand privilege, mais comme on avoit dès auparavant imaginé des moyens de donner cette vertu aux anciens symboles, on les pratiqua envers les nouveaux, on employa les mêmes consécrations, & l'on oignit les Rois parce qu'on oignoit autrefois les pierres.   Par cette cérémonie tout devint égal entr'eux, tout parut dans l'ordre ; & le ſymbole humain devenant capable d'inſpiration, ſe trouva de même changé dans l'eſprit des peuples.

Saül ne fut pas plutôt ſacré, dit la Bible, que l'Eſprit de Dieu ſe ſaiſit de lui & qu'il prophétiſa. Toutes les cérémonies du Sacre des Rois ſont ſorties de cette ſource abſurde & idolâtre. Cette communication de l'Eſprit d'en-haut avec le Monarque, eſt encore aujourdhui chez toutes les Nations un des points eſſentiels de l'inauguration à la Royauté ; elle change le ſujet élu en un autre homme, ou plutôt elle fait qu'il ne ſe croit plus un homme. Il n'eſt pas juſqu'aux Sauvages * de l'Amérique dont les Prêtres ſoufflent au nez des nouveaux Chefs une fumée myſtique avec un camouflet, en leur diſant, *Recevez l'eſprit de courage.*

Par toutes ces extravagances accu-

____
* Le Pere Laffiteau.

mulées les unes fur les autres, il eſt actuellement plus que démontré, que dans le nouveau genre de Gouvernement que les hommes adopterent, ils porterent toujours leurs anciennes chimeres du regne du Ciel, qui avoient donné lieu aux Théocraties précédentes. Séduits par la force de leur imagination, & corrompus par les Préjugés qu'ils avoient reçus de leurs ancêtres, les hommes continuerent d'oublier qu'ils étoient fur la Terre, qu'ils avoient une raiſon qui devoit être leur guide & leur premier conſeil en tout; & s'abandonnant ſans réſerve à une ſuperſtition abſurde & criminelle, ils ſe ſoumirent aveuglément à des Tyrans, comme ils s'étoient déja ſoumis aux Prêtres, & ils perſiſterent dans cette folle idée, que les uns & les autres ne gouvernoient le Monde que par des inſpirations & des révélations du Ciel.

La premiere élection des Rois ne put gueres ſe faire dans les Sociétés Théo-

cratiques fans exciter & produire beaucoup de tumulte & de divifions entre
les Prêtres qui fe virent alors comme
détrônés, & le peuple qui fe donna de
nouveaux Maîtres. Le Sacerdoce dût
y voir la caufe du Dieu Monarque in-
téreffée; l'élection d'un Roi étoit vis-
à-vis de lui, c'eft-à-dire, vis-à-vis des
Prêtres, une rébellion & une idolatrie.
Que de raifons pour tourmenter le
Genre-Humain!

L'Ordre Sacerdotal fut donc le premier ennemi des Empires naiffans, &
depuis ces temps jufqu'à nos jours, l'on
n'a jamais ceffé de voir les deux Di-
gnités fuprêmes toujours oppofées &
toujours antipatiques, lutter l'une contre l'autre, fe difputer la primauté,
fe donner alternativement des limites
& des bornes idéales, fur lefquelles ces
deux Puiffances ont alternativement
empiété, felon qu'elles ont été plus ou
moins fecondées & favorifées par les
peuples indécis, l'une par la fuperftition,

tion, & l'autre par le progrès des connoiffances.

Ce fera, fans doute, un jour, un
ouvrage bien intéreffant, que l'hiftoire
que l'on pourra faire de la marche de
ces deux Puiffances rivales, fi l'on y
fait remarquer avec foin leurs pertes &
leurs fuccés réciproques, toujours pro-
portionnés aux lumieres graduelles des
fiecles, fur-tout dans nos climats, où
malgré l'amas des nuages qu'y ont autrefois pouffé les fuperftitions Afiatiques, la bonté du fol les repouffe peu
à peu, pour y reproduire la raifon &
la férénité.

Les anciens fymboles de pierre, &
de métal, qu'un refpect d'habitude
laiffa fubfifter, quoiqu'alors on eût dû
les fupprimer, puifque les Rois en te-
noient lieu, refterent fous la direction
des Prêtres, qui n'eurent plus d'autre
occupation que celle de les faire valoir
de leur mieux, & d'attirer de leur côté, par un culte religieux, les peuples

qu'un culte politique attiroit puiſſam-
ment vers un autre objet.

Dans les commencemens de la Royauté, la diverſion dût être forte.
L'Arche d'Alliance fut pendant dix années dans une grange, & comme aban-
donnée du peuple d'Iſraël; mais à la
fin, l'ancienne vénération ſe ranima;
les déſordres des Princes diminuerent
l'affection du trône; les hommes re-
tournerent aux Autels, & aux Oracles; ils rendirent au Sacerdoce preſque toute ſa premiere autorité; les Prêtres dominerent ſur les Rois mêmes;
les ſymboles de pierre commanderent
aux ſymboles vivans; la conſtitution
des Etats devint double & incertaine; *

* Entre mille exemples qu'on en pourroit donner, le Gouvernement des Juifs a toujours été
un Gouvernement bizarre; ſous les Rois comme
ſous les Juges, ils regardoient ſouvent Dieu comme leur véritable Monarque; ils avoient une
foule de Prophetes & d'Inſpirés, qui venoient
dicter aux Rois les arrêts de leur Dieu, & leur
preſcrire arrogamment la conduite qu'ils devoient
tenir tant en paix qu'en guerre. On peut re-

la réforme que les Prêtres crurent avoir
faite dans leurs anciens Gouvernemens,
ne servit enfin qu'à joindre une Théocratie civile à la Théocratie sacrée,
c'est-à-dire, à rendre les hommes plus
malheureux, en doublant leurs chaînes, & en multipliant leurs Tyrans
avec leurs Préjugés.

Nous avons ci-devant exposé quelle
avoit été la mauvaise administration

marquer ce passage d'un Prophete qui annonce
aux Juifs, qu'ils vont être assujettis à Sésac Roi
d'Egypte; ,, Alors, leur dit-il, vous apprendrez
,, la différence qu'il y a entre mon joug & ce-
,, lui des Rois de la Terre; *Distantiam servitutis meæ, & servitutis Regni Terrarum.* Cependant cette menace étoit faite sous les regnes des
Rois de Juda, & des Princes de la maison de
David. *Paral. c. 12.*

Il doit aussi y avoir eu une politique que nous
ignorons, dans la conduite des Princes Hébreux,
qui éleverent presque tous des Idoles. Il y a
apparence que leur vue étoit de partager la Religion des peuples, & de diminuer l'autorité des
Prêtres. De là le schisme ou la séparation des
Rois d'Israël, qui ne voulurent point avoir d'alliance avec Jérusalem, où le Temple étoit le
lieu fort du Sacerdoce, & où les Prêtres étoient
toujours assurés de l'emporter sur la puissance
civile.

des Prêtres ; il nous reste à dire un mot de la conduite que tinrent après eux les Rois qui se virent à la tête des Sociétés.

L'homme devenu si grand, qu'il fut regardé comme le représentant de la Divinité, & rendu si puissant, qu'il pouvoit agir, vouloir, & commander aussi souverainement qu'elle, succomba presqu'aussi-tôt sous un fardeau qui n'est point fait pour lui. L'illusion de sa Dignité lui fit méconnoître ce qu'il y avoit en elle de réellement grand, & de réellement vrai ; les rayons de l'Etre Suprême dont son Diadême fut orné, l'éblouïrent au point qu'il ne vit plus le Genre-Humain, & qu'il ne se vit plus lui-même. Abandonné de la raison publique, qui elle-même ne voyoit plus en lui un mortel ordinaire, mais une idole vivante inspirée du Ciel, le seul sentiment de sa Dignité pouvoit lui dicter l'équité, la douceur, & la modération : Ce fut cette Dignité qui

le porta vers tous les vices contraires.
Un tel homme eut dû rentrer fouvent
en lui-même; mais tout ce qui l'envi-
ronnoit, l'en faifoit fortir fans ceffe,
ou l'en tenoit toujours éloigné. Comment, en effet, un mortel auroit-il pu
fe fentir & fe reconnoître? Il fe vit
décoré de tous les titres dûs à l'Etre
Suprême; ils avoient été portés avant
lui par les *Adonis*, les *Ofiris*, & par
les autres emblêmes de la Divinité;
tout le Cérémonial, dû au Dieu Monarque, fut rempli devant l'Homme
Monarque; il fut adoré comme celui
dont il devint à fon tour le repréfentant:
il fut de même regardé comme infaillible. Tout l'Univers lui dût, il ne
dût rien à l'Univers; fes ordres, fes
volontés, fes caprices, devinrent des
arrêts du Ciel; fes cruautés, fes féro-
cités furent regardées comme des jugemens d'en-haut, auxquels il fallut
humblement foufcrire. Enfin cet emblême vivant de la Divinité furpaffa en

tout l'affreux tableau qu'avoit fait Samuël de la future conduite des Rois.

Tel a été le Gouvernement de tous
les Souverains de l'Afie dans tous les
temps que nous connoiſſons.

Les anciens Préjugés qui ont donné
naiſſance au Deſpotiſme, y ſubfiſtent
encore & le perpétuent : les Nations
y ſemblent toujours dire comme les
Iſraëlites , & dans le même eſprit ;
N'importe ; nous voulons avoir des Rois,
c'eſt-à-dire, des Symboles vivans, &
des Dieux que nous puiſſions entendre,
& que nous puiſſions voir à la tête de
nos armées.

Tous les maux que ce Gouvernement
a produits ſur la Terre, ſont trop connus pour en faire ici un long détail.
Chaque Lecteur inſtruit peut ſe les
rappeller, & y reconnoître une longue
chaîne d'événemens & d'erreurs, d'où
ſont ſortis tous les faux principes par
leſquels les hommes ont toujours été
conduits & gouvernés.

Pour avoir eu le Ciel en vue, l'on s'eſt précipité dans des abîmes profonds. Pour avoir perpétuellement compté ſur une révélation chimérique, on a perdu l'uſage de la raiſon. La Religion & le Gouvernement ſont devenus des monſtres qui ont engendré l'idolatrie & le Deſpotiſme, dont la fraternité eſt ſi étroite, qu'ils ne font réellement qu'une ſeule & même choſe.

Voilà les fruits amers des ſublimes idées de la Théocratie; telles ſont les miſeres ſans nombre, que produiront à jamais les adminiſtrations civiles ou religieuſes qui affecteront encore le Regne du Ciel ſur la Terre. *

Pour achever de déveloper ces étran-

---

* Quoique les Monarchies préſentes de l'Europe ſoient fort éloignées de l'eſprit de cette ancienne chimere, ſi nous en remarquons cependant quelques vues, qui ſemblent tendre au Deſpotiſme, c'eſt parce qu'entre les Corps politiques que chacune d'elles renferme, il en eſt un purement Théocratique encore, qui a déja été, qui eſt, & qui ſera néceſſairement le fléau ou le corrupteur de ces Monarchies, ſi on ne lui fait changer un jour de nature & de principes.

ges découvertes, & pour conftater ces grandes vérités, qu'on n'avoit jufqu'ici pas même foupçonnées , jettons un coup d'œil fur les Empires, & confidérons le cérémonial & lés principaux ufages des Souverains Defpotiques ; nous y reconnoîtrons tous les anciens ufages, & tous les principes des anciennes Théocraties ; ce fera mettre le fceau de l'évidence à ces nouvelles annales du Genre-Humain.

SECTION XIII.

Les Ufages Théocratiques fe confervent chez tous les Defpotes civils.

LEs Souverains Orientaux nous rappellent l'ancien Grand Juge, dont les peuples avoient fait leur Monarque, par leur invifibilité, ou par la coutume qu'ils ont prefque tous, de ne fe montrer à leurs fujets, que felon des heures , des jours , & des périodes réglés.

L'Empereur du Mogol * se présen-
te deux fois par jour à une fenêtre qui
regarde l'Orient ; cette apparition se
fait le soir & le matin ; les Grands se
rendent à ces heures sur la place du Palais, où ils restent prosternés tant que
le Prince est visible, & le peuple qui
accourt en foule pour regarder son Monarque, est tellement accoutumé à cette visite réguliere ; que malgré le Despotisme de son Souverain, il se soule-
veroit, suivant les Voyageurs, s'il
manquoit à cet usage solemnel.

Il en étoit de même au Japon, †
dans les temps où les Souverains Pontifes de cette contrée jouissoient encore en entier de toute la Puissance Théocratique, dont l'autorité temporelle
fut depuis séparée. Ce Grand Pontife,
qu'on nomme *Dairi*, se dit fils du Ciel,
& se prétend descendu en ligne directe

* *Voyez* Hist. génér. des Voyages, in - 12,
tom. 37.
† *Cérém. Relig.* tom. 6.

O 5

du fang des Dieux, qui ont autrefois régné au Japon, comme par-tout ailleurs. Dans les temps où ce *Dairi* difpofoit des deux glaives, on rapporte qu'il étoit auffi obligé de fe montrer tous les matins, & de paroître affis fur fon Trône devant les peuples affemblés; chacun alors le confidéroit avec foin, & l'on remarquoit fes geftes & fes moindres mouvemens, on pronoftiquoit de là fi le jour feroit heureux ou malheureux : felon la faifon, & felon la circonftance des temps, fes mouvemens étoient auffi regardés comme les annonces de l'abondance ou de la ftérilité, de la paix ou de la guerre; on y voyoit même les fignes de la pefte, des embrafemens, & des tremblemens de terre; & comme fi ce Pontife eût été un autre Jupiter, on craignoit qu'en remuant fes fourcils il n'ébranlât l'Univers.

Les Voyageurs n'ont rien vu que du ridicule dans ces ufages; mais je crois y reconnoître les anciens peuples foumis à la Théocratie, qui alloient devant l'emblême du Dieu Monarque, préfenter leur hommage du foir & du matin ; j'y vois les Egyptiens, les Grecs, & les Romains, qui faluoient les Dieux à chaque aurore ; j'y vois enfin les Mages & tous les anciens adorateurs du feu, faluer le Soleil levant & le confulter fur le fort de la journée, & fur les événemens futurs.

Cette inquiétude avec laquelle les anciennes Nations alloient confulter le lever du Soleil, comme le reproche un Prophete aux Ifraëlites, qui le pratiquoient auffi, étoit une fuite des dogmes de la fin du Monde, & de l'arrivée du Grand Juge, qui faifoient craindre aux uns que le Soleil couché la veille, ne fe levât point le matin, & qui faifoient défirer à d'autres que le merveilleux jour du Grand Juge parût avec le Soleil levant. Les habitans des Ifles Célébes, ne manquent point en-

core à cette antique coutume d'adorer
lorſque l'aurore paroît , & lorſque le
Soleil ſe couche ; ſi pendant leurs priè-
res cet aſtre ſe couvre de nuages & de
brouillards, c'eſt pour eux un ſigne
qu'il eſt irrité ; ils rentrent avec triſteſſe dans leurs maiſons pour y appai-
ſer leurs idoles, & ils ſe rappellent le
ſouvenir d'un temps, où le Soleil ayant
eu, diſent-ils, une grande querelle avec
la Lune, il s'enſuivit mille déſordres
dans le Ciel, ſur la Terre & dans la
Mer : nouvelle preuve que le culte du
Soleil dans les Iſles Célebes, & dans
les autres contrées du Monde, eſt un
de ces anciens abus ſortis des uſages é-
tablis en mémoire des révolutions de
la Nature.

Chez les Hébreux qui s'adonnerent
ſi ſouvent à l'idolâtrie, chaque ſemaine
étoit un période, dont il falloit marquer la fin & le commencement, par
des cérémonies aſſez ſemblables, & as-
ſez analogues à celles des autres Nations.

Le feu s'éteignoit dans leurs maisons, & se rallumoit de sept en sept jours, comme il s'éteignoit & se rallumoit à Rome en Mars, c'est-à-dire, au renouvellement des années civiles, & chez les Mexicains aux renouvellemens des semaines d'années. Tous les autres adorateurs du Soleil pratiquoient de même ces extinctions périodiques du feu sacré, qui n'étoit qu'un usage rélatif à l'attente de la fin du Monde, & à l'extinction du Soleil à la fin des périodes, ces différens usages témoignent que chez les adorateurs du feu, cet élément n'avoit été primitivement que le symbole de la vie du Monde.

Chaque septieme jour chez les Hébreux, l'on ouvroit * la porte Orientale du temple, & l'on chantoit ce jour là, *Attollite portas, & introibit Rex gloriæ :* † preuve qu'ils attendoient aussi le Grand Juge de sept jours en sept jours du coté de l'Orient, & que ces paro-

* *Ezechiel* 46. 1. † *Ps.* 23.

les que les Chrétiens appliquent aujourdhui si ridiculement au Messie, n'avoient
rapport , ainsi que l'ouverture de la
porte, qu'à la chimere universelle de
presque toutes les Nations. Comme
les Hébreux s'imaginoient apparemment
que leur Dieu venoit résider ce jour-
là dans son Sanctuaire , plus particuliérement que de coutume, le Prince
venoit alors l'adorer sur le seuil de cette porte orientale , & la multitude à
qui il étoit défendu d'entrer, se tenoit
au dehors; on faisoit encore au retour
de chaque pleine Lune, * cette même
cérémonie, dans laquelle il est inutile
de faire reconnoître celle du Mogol &
du Japon.

Les apparitions des Despotes de l'E-
thiopie sont moins fréquentes ; ils ne
sortent de leurs Palais que quatre fois
l'année, & pour se montrer au vulgaire ils se placent derriere un voile. C'est
ainsi qu'il paroît dans ses grands jours,

* *Ezechiel* 46. 1.

& qu'il prononce fes arrêts, ou fes o-
racles.

Les Ethiopiens, comme tous les
peuples du Monde, n'ont pas toujours
pris un homme pour repréfenter l'Etre
Suprême. *Plutarque* nous parle d'un
peuple de ces contrées qui conféroit
la dignité Royale à un *chien*, l'hono-
roit comme un *Dieu*, & lui donnoit
des hommes pour officiers, & pour
miniftres. *Strabon* nous apprend que
les mêmes peuples ont eu des temps,
où ils n'avoient pour Rois que des
Prêtres; tradition plus favorable à la
haute antiquité de cette Nation, qu'à
fa fageffe; mais qui nous défigne parfaitement tous les différens progrès du
Regne Théocratique. Le même Auteur nous fait auffi connoître quelles
en ont été les fuites, en difant ailleurs,
que de fon temps l'Ethiopie étoit gou-
vernée par des Rois, qu'on adoroit
comme des Dieux, & qui ne fe montroient jamais, pour mieux entretenir

la vénération de leurs sujets. Tous les anciens Historiens nous ont transmis les mêmes détails au sujet des Rois d'Assyrie, de Babylone, de Perse & de Médie; il y alloit de la vie de paroître devant ces Princes; il pensa en coûtér cher à la belle Esther, pour s'être présentée d'elle-même devant Assuérus, parce qu'on ne pouvoit voir son Roi, comme on ne pouvoit voir son Dieu, sans mourir. Ce n'étoit aussi qu'en certains temps que ces anciens Despotes se montroient, & qu'ils sortoient de leurs Palais inaccessibles; il falloit alors se prosterner devant eux & les adorer. *

C'étoit de même quatre fois l'année, que les Apalachites, habitans de la Floride & adorateurs du Soleil, alloient en pélerinage sur le mont Olagmi,

pour

* Le lecteur pourra consulter l'Histoire Grecque sur le cérémonial qui s'observoit à la Cour des Monarques Persans & Assyriens.

pour l'adorer à fon avénement aux quatre faifons ; ce culte étoit encore fondé
chez eux fur le fouvenir des malheurs
du Monde ; ils difoient , * que le Soleil ayant autrefois fufpendu fa carriere,
les eaux du grand Lac Théomi s'étoient
débordées, avoient couvert toutes les
montagnes, excepté le mont Olagmi,
que le Soleil épargna, à caufe de fon
Temple qui y étoit placé, & que c'é-
toit en mémoire de cet événement, &
pour fe le rappeller, que leurs ancêtres
s'y étoient réfugiés, qu'ils venoient
quatre fois l'année en ce lieu pour y
témoigner leur reconnoiffance éternelle
envers le Soleil ; ils donnoient ce jour
là la liberté à fix oifeaux ; † ufage allégorique, qui avoit rapport à l'ancienne délivrance ; la fête finiffoit par des
jeux, des feftins, & des danfes ; c'eft

* *Cer. Relig. Tom.* 7.
† Quand nos Rois de France entrent à No-
tre-Dame de Paris, on y donne de même dans
l'Eglife la liberté à des oifeaux qu'on y a appor-
tés exprès dans des cages.

P

ainſi, ſuivant Lucien, qu'une fois l'année, au Temple de la Déeſſe de Syrie,
un homme montoit ſur une tour éle-
vée, où il reſtoit pendant ſept jours
ſans boire, ſans manger, & ſans dor-
mir, en mémoire du ſalut trouvé ſur
les hauteurs, & des miſeres du Genre-
Humain après le déluge.

Ces apparitions des Rois, ces viſi-
tes, ces pélérinages réglés chaque année par les quatre ſaiſons, ont eu une
origine commune, & ont été des uſages ſuivis de preſque tous les temps.
Nous avons encore en Europe nos Qua-
tre-temps, accompagnés de jeûnes &
de proceſſions ; mais l'on ignore qu'ils
procedent des Bacchanales des quatre
ſaiſons, qui dans la haute Antiquité
n'étoient que des fêtes de deuil & de
triſteſſe, établies en mémoire de la fin
de l'ancien Monde, dont la fin de
chaque ſaiſon rappelloit le ſouvenir. Le
nom de *Bacchanales*, qui ſignifie *La-
mentation*, * en eſt la preuve.

* Hiſtoire du Ciel, *tom.* 1.

Les quatre grandes fêtes annuelles
de tous les peuples, & les quatre Ca-
rêmes de certaines sectes du Christianisme, ont une origine absurde, que
tout le monde connoît ; mais ils en ont
une inconnue, qui remonte de même
aux institutions primitives de la Terre renouvellée.

Dans le Royaume de Siam, (*) ce
n'est qu'une fois l'année que l'Empereur sort de son Serrail, encore n'est-
ce point pour se faire voir à ses peuples, mais pour les faire fuir ; aussi-tôt
qu'il paroît, il faut s'éloigner au plus
vite, ou se prosterner le visage contre
terre, pour ne le point voir. Ce Prince terrible tient donc lieu à ses peuples,
de ses anciens coffres mystérieux & de
ces arches où l'on prétendoit que rési-
doit la Divinité.

Dans les fêtes Grecques & Egyptien-
nes, d'Isis & de Cérès, dans les fêtes
Gauloises, au temps de la moisson, &

Cor. Relig. tom. 6.

chez les Hébreux , ces coffres , ces châſſes ou arches ſe portoient en pro‑ ceſſion & en triomphe en certaines oc‑ caſions ; alors chez les uns il falloit fuir, ſe cacher, ou détourner les yeux ; & chez les autres, on n'auroit pu les tou‑ cher ſans être exterminé.

Le Monarque Siamois n'a donc été dans ſon origine que le coffre redouta‑ ble & le Dieu ſymbolique de la Théo‑ cratie ; mais ce qui nous le va dévoiler tout‑à‑fait, c'eſt que les Siamois doivent ignorer le nom de leur Prince ; ce nom doit être un myſtere pour eux ; & ſi par hazard ils le connoiſſent , il leur eſt défendu de le prononcer. *

Les voilà donc enfin traveſtis en Si‑ amois, ces redoutables *Jehovah* & *Ve‑ jovis* † des Hébreux & des Romains, ces Divinités cruelles, jalouſes, vindi‑ catives, auxquelles ces deux peuples, toujours dans la crainte quand ils y pen‑

* *Cer. Relig. tom.* 6.
† *Cicero de nat. Deor.*

foient, offroient leurs victimes & leur encens, pour n'en point recevoir de mal; ils n'auroient de même ofé prononcer ces noms divins, qui dans leur idée étoient capables de faire rentrer la Nature entiere dans le cahos.

A Jerufalem comme à Siam ce n'étoit qu'une fois par année que le Palais du Dieu Monarque, c'eft-à-dire, le Sanctuaire, étoit ouvert, & que le renouvellement de l'année civile rendoit acceffible le redoutable *Jehovah*. Dans ce jour fameux, qu'on appelloit le *jour des expiations*, & que le Grand Prêtre lui-même regardoit comme dangereux pour lui, les dévots faifoient mille folies, que l'attente de la fin du Monde eft feule capable d'expliquer; alors le Pontife entroit dans le Saint des Saints, où tout tremblant de la peur d'en mourir, il prononçoit à voix baffe, pour que perfonne ne l'entendit, le nom du Dieu de la terreur, dont le peuple avoit fait fon Monarque.

Le Grand Prêtre de *Minerve Poliade* n'entroit aussi dans son Temple qu'une fois l'année. Lucain nous fait voir à peu près le même usage, & la même terreur dans une forêt sacrée des environs de Marseille.

Nous observerons ici que cette affreuse maxime qui semble transformer les Rois en des Démons, dont il faut ignorer le nom, est suivie dans presque toute l'Asie ; on n'y voit jamais, comme en Europe, le nom des Rois à la tête de leurs Ordonnances & de leurs Edits ; on y lit seulement ces mots despotiques : * *Un Commandement est sorti de la bouche de celui à qui l'Univers doit obéir.* Bizarre & ridicule orgueil, qui ne pouvant être que très-ancien, puisqu'il doit son origine à la Théocratie, est vraisemblablement la cause pour laquelle tous les Auteurs Grecs ont si peu connu les noms des Rois de l'Orient.

* Kempfer.

L'Oracle de Delphes dans les plus anciens temps dont la Grece faffe mention, ne faifoit parler Apollon qu'une fois l'année feulement; c'étoit le jour auquel on célébroit la naiffance du Dieu, qui arrivoit au Printemps. Les Japonois s'imaginent de même qu'une fois l'année tous les Dieux defcendent en terre d'une façon invifible, & qu'ils vont habiter pendant un mois dans le Palais du Grand Pontife, pour l'infpirer & l'inftruire. Le voyage que toutes les Divinités de l'Afie faifoient auffi chaque année en Ethiopie, en mémoire de la guerre des Typhons & des Géans, eft fameux dans l'Hiftoire de la Religion. Le dernier mois de notre année fe nomme encore *le mois de l'Avent*, c'eft-à-dire, *le mois de l'arrivée*; & au renouvellement de la courfe Solaire, nous célébrons la naiffance du Meffie des Juifs, & de l'Etoile de Jacob. Les Romains célébroient dans le même temps la fête de la naiffance

de l'invifible Mytras. * Les trois Mef-
fes que l'on célebre pendant la nuit de
Noël, femblent avoir rapport aux trois
Autels fur lefquels ces derniers peuples
facrifioient la nuit des jeux féculaires,
au renouvellement de chaque Siecle.

L'univerfalité de ces ufages, malgré
la différence des motifs que chaque
peuple & chaque Religion ont allé-
gués, eft une preuve invincible que
toutes ces manifeftations de Dieux, de
Rois, & d'Oracles, au commencement ou à la fin des années, n'avoient
autrefois en vue que les dogmes de la
defcente du Grand Juge, & du Jugement dernier à la fin des périodes. Jugeons par-là de l'univerfalité d'erreurs
dans laquelle toute la Terre entiere eft
enfevelie.

* Le Soleil.

SECTION XIV.

Suite du même sujet.

LE Roi d'Arrakan ne se montre, suivant *Gautier Schouten*, que tous les cinq ans, à la pleine Lune du dernier mois de l'année solaire; c'est en ce pays le seul temps où il soit permis de le regarder. Nous avons vu jusqu'ici que les Rois sont comme obligés de faire ces apparitions; ici c'est le peuple que le Roi oblige de se rendre à la Capitale *, de toutes les parties du Royaume, pour y connoître son Monarque; ensorte que l'on y voit alors accourir une foule innombrable; c'est ainsi que les Hébreux couroient à leur Pâque annuelle, qu'il falloit célébrer nécessairement à Jérusalem. La magnificence avec laquelle le Roi d'Arrakan se montre à ses peuples, est sans égale;

---

* Histoire génér. des Voyag. *tom.* 1. *pag.* 42.

P 5

l'appareil de cette pompe & de la marche du Prince furpaffe tout ce qu'on pourroit en dire; néanmoins les voyageurs ne nous en ont point détaillé le plus inftructif, puifqu'ils ne nous ont point expliqué le fens de la difpofition générale de la fête, & de tous les objets fymboliques & allégoriques qui y paroiffent ; il eft vraifemblable qu'ils n'ont pu le découvrir, & que ce peuple lui-même l'ignore peut-être tout le premier. C'eft-là où en font tous les peuples de la Terre fur leurs ufages. Quoiqu'il en foit , ces grands jours fe paffent en fpectacles, en jeux, en danfes, en concerts; ce ne font point des jours de terreur, comme chez les autres Nations ; ce font des jours d'allégreffe & de plaifir, comme aux Saturnales que les Romains célébroient au renouvellement de l'année Solaire, & de leur année † Civile. Nous ver-

* en Décembre. . . .
† en Mars.

rons ailleurs quelles font les raifons pour lefquelles la même cérémonie eft un objet de terreur chez les uns, & de réjouïffance chez les autres.

Les Anciens ont auffi connu ces périodes de cinq années. C'étoit alors que les Romains pratiquoient des expiations & des luftrations générales, qui firent donner le nom de *Luftre* ou de *Luftrale* à toutes les cinquiemes années; c'étoit encore dans ce temps qu'ils faifoient le dénombrement des Citoyens: chaque particulier payoit ce jour-là une taxe modique, & l'on ne peut guéres douter, vu les autres ufages de ces fêtes, que cette taxe ne fût comme le demi-ficle que payoient chaque année les Juifs, forte de rachat, par lequel on croyoit fauver fa tête de la juftice divine, & des Puiffances infernales dont on s'imaginoit être menacé à la fin de tous les périodes.

Les jeux Olympiques, fi anciens parmi les Grecs, qu'ils n'en connoif-

foient point la véritable époque, fe célébroient chez eux après la quatrieme
année révolue. Ce période étoit vraifemblablement, dans fon origine, une
femaine Sabbatique de quarante - neuf
mois , ainfi que l'a déja foupçonné
Noël - le - Comte dans fa Mythologie.
Les Grecs avoient encore les Jeux Ifth-
miques , qui fe célébroient tous les
cinq ans; les Jeux Pythiens, tous les
fept ans; & les Jeux Néméens, tous
les trois ans d'abord, & enfuite tous les
cinq ans : il fe faifoit dans ces circonftances un concours innombrable dans
les villes confacrées à ces grands jours;
on s'y préparoit par diverfes cérémonies
expiatoires, & toutes les hoftilités cef-
foient, afin de fe réunir, & de célébrer
en paix les grands exploits des Dieux,
les Titans terraffés, la défaite du Serpent Python, & une infinité d'autres
anecdotes allégoriques, qui étoient toutes des commémorations des anciens
événemens de la Nature, lors de la

destruction & du rétablissement du Monde. Ce seul point de vue est la clef de toutes les antiquités religieuses de la Grece, sur lesquelles on a déja fait tant de commentaires inutiles.

Tous les trois ans les Hébreux pratiquoient aussi quelques usages, qui ne pouvoient procéder que de la même source; ils avoient des aumones à faire, une dixme extraordinaire à payer, qu'ils devoient distribuer aux Lévites, aux étrangers, aux pauvres & aux orphelins; & en considération de ces bonnes actions, ils prioient le Seigneur de bénir son peuple, & la terre qu'il lui avoit donnée. *

L'unanimité de tous les peuples pour célébrer la naissance & la fin des périodes par des usages qui ont tous rapport aux anciennes révolutions du Monde, nous engage ici à dire aussi quelque chose des Jubilés des Hébreux, pour les ramener à leur véritable origine,

* *V. Deuteron. chap. 6.*

qui depuis tant de siecles est cachée,
pour les Hébreux mêmes, dans une
profonde obscurité. Cette nouvelle
preuve de leurs erreurs, nous ouvrira
les yeux sur une multitude d'autres qui
leur sont particulieres, mais qui toutes
intéressent infiniment le Genre-Humain.

La principale source des erreurs de
cette Nation, est l'oubli de la langue
de ses Peres. Presque toutes ses fables
& ses méprises viennent de la mauvaise
interprétation des noms, & des parti-
cularités de ses traditions primitives,
& ce qu'on aura peut-être peine à croire, c'est que tous les Auteurs de ses
Livres sacrés ignoroient la langue Hébraïque. Pour adoucir ce paradoxe,
j'ajouterai que ces Auteurs ignoroient
l'Hébreu, c'est-à-dire, l'ancien Hébreu, comme les François modernes
ignorent le Gaulois, dont pourtant leur
langue est en partie dérivée; ils se sont
trompés de la même façon que nous
nous tromperions aussi, si nous voulions

expliquer les mots Gaulois par les mots
François qui ont avec eux quelque con-
fonance.

Une autre fource de ces méprifes de
langage chez les Hébreux, vient de ce
qu'ayant fouvent été errans & tranf-
plantés chez des Nations étrangeres,
ainfi qu'il paroît par leurs hiftoires,
leur Hébreu primitif s'eft altéré &
corrompu . par le mélange de toutes
fortes d'idiomes ; d'où il eft arrivé
par la fuite qu'ils ont expliqué un
mot Chaldéen par un mot Hébreu,
un mot Hébreu par un mot Per-
fan ou Egyptien, & enfin des mots
Egyptiens par des mots Hébreux, Per-
fans ou Chaldéens. Le nom de *Schabat*, par exemple, qui ne doit figni-
fier que *renouvellement*, a produit dans
leurs fêtes & dans leurs ufages , une
multitude de fables groffieres, parce
qu'ils l'ont interprété par *repos*, ce qui
leur a fait perdre tout-à-fait de vue le
fens de leurs traductions, & les inten-

tions primitives de leurs Loix & de leurs fêtes, qui toutes portoient ce nom.

Pour ne parler ici que des Jubilés qu'ils célébroient tous les sept ans, comme cette solemnité s'appelloit aussi la fête du *Schabat* de la Terre, ils s'imaginerent, lorsqu'ils eurent oublié la véritable signification de ce titre, en apercevoir le sens dans les usages de ces Jubilés; & quand cette expression signifioit repos, parce que dans l'année Jubiliaire ils laissoient la terre sans culture, ne semoient point les champs, ne tailloient point la vigne, ni les plants d'oliviers, ne cueilloient aucuns fruits, & qu'ils ne faisoient enfin aucune moisson, aucune recolte ni aucune vendange, de ce que la Terre pouvoit avoir produit d'elle-même; il est vrai que de tels usages étoient très-capables de les tromper, aussi-bien que l'inaction où ils devoient être chaque septieme jour; mais pour être excusables, ils n'en étoient pas moins dans l'erreur, ainsi que

que leurs Légiſlateurs & leurs Prêtres,
qui par-là ont trompé tout le Genre-
Humain.   Les interpretes qui ont tenté juſqu'ici d'expliquer une loi auſſi
étrange, qui par l'abandon de la culture des terres devoit entrainer de ſi
mauvaiſes ſuites pour le bien commun,
n'y ont preſque tous vû qu'une énigme
impénétrable M. Prideaux eſt forcé
d'avouer que ces Jubilés, & ces ſemai-
nes Sabbatiques, n'éclairciſſent aucuns
paſſages de l'Ecriture, & qu'on n'y
peut voir qu'un joug péſant, qui at-
tira aux Iſraëlites de ſéveres punitions,
parce qu'ils négligerent preſque toujours de l'obſerver.   Malgré l'excès de
ſa ſuperſtition, ce peuple ne ſe fia
réellement jamais ſur cet article aux
promeſſes de ſon Dieu, qui lui avoit
dit, *Ne crains point de mourir de faim*
cette ſeptieme année, car je répandrai ma
bénédiction ſur la ſixieme, pour qu'elle te
produiſe autant de fruits que trois autres.
La peur de la famine l'emporta, & ſur

Q

ces belles promeſſes, & ſur les menaces,
Iſraël laboura ſes champs, & voulut
toujours faire ſa vendange, par la ſuite,
cependant les grandes calamités dont
il ſe vit frappé, lui rappellerent cette
inſigne déſobéiſſance, & la méfiance
de ſes peres, & il ne manqua pas d'attribuer tous ſes malheurs au défaut de
célébration de ces Jubilés, comme les
Romains attribuoient les déſaſtres de
leur République au défaut de célébration des jeux ſéculaires.

Si nous n'avions donc que les Hébreux pour nous éclaircir ſur leurs propres uſages, nous eſpérerions en vain
d'y parvenir. Ils ignoroient quel étoit
l'objet particulier de chaque fête, comme ils ignoroient l'objet général de leur
Religion & de leur culte. En nous
diſant que le Jubilé étoit une loi de
Moïſe, faite pour accorder le repos à
la terre, ils nous montrent par cette
réponſe leur profonde ignorance, puiſque l'on peut juger par leurs écritures

mêmes que la diftinction des feptiemes
années, & les ufages qui y étoient at-
tachés, étoient plus anciens que leur
Moïfe. Jacob qui fe louoit chez Laban
de fept ans en fept ans, afin d'époufer
fes filles, fuffit pour nous prouver que
cet ufage Jubiliaire étoit répandu dans
l'Orient plus de deux-cents foixante ans
avant leur Légiflateur, & avant les Loix
de fon Lévitique.

Au défaut de ces Hébreux, dont on
prétend fi ridiculement faire les premiers
Docteurs du Monde, les Américains,
qu'on méprife tant, vont nous rendre
raifon de l'inftitution du Jubilé, & en
particulier de cet abandon total qu'il
falloit faire, pendant les jours Sabbatiques, de toutes les chofes de la Terre.

Les Voyageurs & les Hiftoriens de
l'Amérique s'accordent tous à nous apprendre que les Méxicains attendoient
la fin du Monde à la fin de chaque fiecle, leur fiecle étoit compofé de cin-
quante années, c'eft-à-dire qu'il fon-

moit une grande femaine Sabbatique
de femaines d'années ; & leur année é-
toit compofée de dix-huit mois de vingt
jours chacun, au bout defquels ils en
ajoutoient cinq, pour compléter l'année
folaire.

En conféquence de cette attente finguliere où ils étoient de la fin du Monde, le dernier jour qui voyoit expirer
le fiecle, étoit un jour d'affliction, dé
deuil, & de pénitence ; ils éteignoient
le feu facré dans leurs temples, & le
feu domeſtique dans leurs maifons ; &
après avoir caffé & brifé tous les meubles & tous les uftenciles du ménage,
comme chofes qui devenoient inutiles
& fuperflues, les uns paffoient la nuit
dans la priere, & prefque tous dans les
allarmes, & dans la défolation, s'at-
tendant à chaque heure à voir le dernier moment de la Nature. Cette terreur augmentoit à mefure que la nuit
s'avançoit ; mais l'efpérance y fuccédoit enfuite, & croiffoit à mefure que

l'obfcurité commençoit à diminuer;
on montoit alors avec un empreſſement
encore plein d'inquiétude ſur les toîts
des maiſons ; on regardoit attentive-
ment l'Orient; on étudioit les progrès
les plus imperceptibles de l'aurore naiſ-
ſante ; c'étoit à qui auroit de plus
grands & de meilleurs yeux; & à peine les premiers rayons du jour annon-
çoient-ils le retour du Soleil, qu'un
cri univerſel rappelloit la joie & l'allé-
greſſe; on couroit au temple rallumer
le feu ſacré, & par des hymnes & des
cantiques, on remercioit la Divinité
d'avoir prorogé la durée de l'Empire,
& d'avoir accordé un nouveau ſiecle
au Monde. Je ne détaillerai point la
fête qui étoit la ſuite de ce grand renouvellement; ce que nous venons de
voir ſuffit pour expliquer tous les uſages des Hébreux dans leur Jubilé, il ne
faut pour cela que conſidérer la bizarre coutume qu'avoient les Mexicains
de caſſer leurs meubles dans cette oc-

fion, comme la fuite & l'abus outré
d'une inftitution, qui avoit eu pour
objet dans fon origine de faire un facrifice à Dieu de toutes fes propriétés,
de lui montrer avec quelle réfignation
on fe détachoit des chofes d'ici-bas, &
avec quelle foumiffion on étoit prêt à
foufcrire à ce qu'il ordonneroit à la fin
des périodes fur le deftin de l'Univers.

La découverte de ce grand point
de vue nous fait expliquer toutes les
folies de quelques Nations au temps
des Eclypfes, où elles faifoient un bruit
épouvantable avec des marmites, des
chauderons, & d'autres uftenciles de
ménage, qu'elles brifoient * de même,

* Les Juifs ont encore l'ufage aujourdhui,
deux jours au moins avant Pâques, qui commence leur année facrée, de renouveller leurs uftenciles; cet ufage n'eft cependant pas univerfel
chez eux, comme l'ufage de caffer les meubles
n'étoit point univerfel chez les anciens au temps
des Eclypfes. L'efprit de ménage & d'écono-
mie, eft ce qui a fans doute introduit ces changemens; les Nations fe contenterent alors de faire
du bruit avec leurs uftenciles, & les Hébreux à
Pâques fe contentent prefque tous aujourdhui de

comme je l'ai vu en certaines relations ; c'est que l'obscurité soudaine des E- clypses leur rappellant le souvenir des anciennes ténebres, elles croyoient en voir le retour, & qu'estimant la fin du Monde très-prochaine, elles s'imagi- noient n'avoir plus besoin de rien.

En considérant ces usages sous le même aspect, il sera également facile d'expliquer littéralement toutes les cou- tumes sabbatiques des Israëlites.

Premiérement, le nom de *Jubilé*, qui signifie *corne de bélier*, c'est-à-dire, *trompette*, étoit donné aux grands pé- riodes des Hébreux, parce que pour en annoncer le commencement au peu- ple, sept Prêtres sonnoient de la trom- pette, le dix du mois *Tirci*, pour an- noncer le jour des expiations, où il falloit affliger son ame, après quoi le

les nettoyer, & de les purifier. Il en est à peu près de même chez nous ; nous ne déchirons point nos meubles au renouvellement de l'année Paschale, mais nous avons l'usage de nous don- ner toujours quelques meubles, ou quelques ha- bits neufs en ce temps.

Grand Prêtre entroit dans le Sanctuaire pour y prononcer le terrible mot de *Jehovach*. Selon le sentiment des Juifs d'aujourdhui, la trompette est un signe du Jugement, & nos Apocalyptiques n'ont jamais manqué de mettre à la bouche des Anges exterminateurs, cet instrument fatal; ainsi le nom de la fête offre déja le dénouement des terreurs dont le Grand Prêtre & le peuple étoient toujours frapés ce jour-là.

Secondement, ce temps s'appelloit *le Sabath de la Terre*, c'est-à-dire, *le renouvellement de la Terre*, parce que l'idée de la fin du Monde entraîne toujours après elle l'idée de son renouvellement, soit naturel, soit surnaturel; d'ailleurs le temps Jubiliaire commençoit toujours avec l'année civile; mais il n'est pas étonnant de voir ce temps porter le même nom que portoit autrefois chez les Hébreux le premier mois de l'année Solaire, qu'on nommoit *Schabat* dans le même sens, &

par la même raifon que nous appellons
ce mois *Janvier*, d'un ancien mot la-
tin qui fignifie celui qui ouvre & qui
renouvelle l'année. Le mot Hébreu
pourroit être la matiere d'une ample
differtation, mais elle feroit ici trop
longue; il fuffit feulement de remarquer que les mots de *Jubilé* * & de
Sabbath †, donnés au même temps &
au-même ufage, indiquent toujours
que les renouvellemens étoient les annonces du Jugement & du Grand Juge.

Lors donc que les anciennes Loix
commémoratives, ou plûtôt celles qui
en dériverent & qui en outrerent les
ufages, comme font ici les Loix Me-
xicaines & Hébraïques, qui défendoient
aux hommes de cultiver la terre la fep-
tieme année, & leur ordonnoient de
ne vivre que de ce qu'elle produiroit
d'elle-même, & de ce que le hazard ⸸
leur feroit trouver chaque jour, c'étoit

* Trompette.   † Renouvellement.
⸸ *Levitiq.* 25. 12.

Q 5

pour les avertir que le période de la fin du Monde étoit prochain, & qu'il falloit bientôt renoncer à tout. Comme c'est le temps, leur disoit-on, où l'Etre Suprême doit vous juger, vous exercerez cette année la miséricorde, & vous remettrez les dettes de vos freres, pour que le Grand Juge vous remette les vôtres : vous vous détacherez de tous les biens d'ici-bas ; vous abandonnerez toute propriété ; vous rendrez la liberté à vos esclaves, tous les marchés, tous les *contrats*, toutes les acquisitions que vous aurez faites jusqu'à ce jour seront nulles, parce que c'est l'année de la remise, * & de la dissolution de toutes choses ; s'il plaît cependant au Seigneur de nous accorder un autre période, tout ce qui aura été fait dans l'antécédent, sera censé †

---

* *Nomb.* 36. 4.

† Cette coutume a été très-fatale à l'Histoire du Monde. Nous verrons par la suite que ce précepte a été cause de l'oubli où sont tombés tous les anciens périodes après cent ans, après

oublié, & comme non avenu ; *l'esclave vendu demeurera libre ; le bien acquis retournera à ses anciens maîtres , chaque homme à sa premiere famille ; & vous ne pourrez enfin jamais vendre la Terre à perpétuité , parçe que la Terre est au Seigneur, qui peut nous l'ôter quand il lui plaira, comme il l'a ôtée autrefois à nos Peres.* *

Telle est la simplicité avec laquelle les Mexicains auroient expliqué aux Hébreux des usages anciens auxquels ils ne comprennent plus rien, & que nos prétendus organes de l'Esprit Saint n'ont pas mieux connu qu'eux. Leurs Ecritures sacrées, qui leur ont bouché les yeux, auroient pu, cependant, les leur dessiller quelquefois, si dans cette multitude de mensonges & de vérités qu'elles contiennent, l'homme n'eût pas toujours été plus porté vers le faux que vers le vrai.

mille ans, &c. Il falloit de même que tout le passé fût censé oublié, & non avenu ; & par un esprit religieux on abolissoit autant qu'il étoit possible le souvenir de toutes choses.

* *Levitic.* 25. 23.

Le quatrieme livre d'Esdras, *chap.*
16. confirme singuliérement l'explication qne nous venons de tirer des
Mexicains. Ce Prophete annonçant
au Monde que sa fin est prochaine, s'é-
crie, „ Que celui qui vend, fasse com-
„ me celui qui fuit; celui qui acquiert,
„ comme celui qui perd; celui qui tra-
„ fique, comme celui qui est sans pro-
„ fit; celui qui se bâtit une maison,
„ comme s'il n'y devoit point habiter,
„ celui qui seme, comme s'il ne devoit
„ point recueillir; celui qui façonne
„ sa vigne, comme s'il ne devoit point
„ la vendanger; enfin, que celui qui
„ se marie, fasse comme s'il ne devoit
„ point avoir d'enfans; le tout, dit cet
„ Entousiaste, parce que ceux qui tra-
„ vailleront, travailleront en vain. ”

Cette application de tous les usages
du Jubilé, aux approches de la fin du
Monde, dénote, sans doute, que les
Hébreux n'ont point toujours méconnu le véritable sens de ces usages. „ La

„ fin vient, dit auffi Ezéchiel chap. 7.
„ elle vient cette fin fur les quatre
„ coins du Monde, ce jour de carnage
„ des hommes, & non de la gloire des
„ montagnes ; celui qui vend ne ren-
„ trera point alors dans la poffeffion de
„ ce qu'il vend. " Et pourquoi? parce
que ce fera le dernier de tous les périodes, comme on le peut juger par
cet extravagant & fublime chapitre
d'Ezéchiel.

On doit trouver étonnant qu'avec de
tels paffages les Juifs & les Chrétiens
n'ayent jamais connu la véritable inftitution des Jubilés; c'eft, comme je
l'ai dit tout à l'heure, que la fuperftition eft toujours aveugle pour le vrai ;
au refte on peut juger par cette ignorance, dont les premiers traits font
dans le Pentateuque, que toutes les
erreurs & les folies des Hébreux font
infiniment anciennes, puifque ce Livre
lui-même eft d'une très-haute antiquité.

Cette Hiftoire des Jubilés nous a

écartés de nos Despotes; mais comme
ces têtes avoient rapport à la manifesta-
tion périodique de ce même Grand Juge, que tous les Souverains Orientaux
ont toujours affecté de représenter, en
rapprochant ainsi le tableau des usages
civils, avec celui des usages religieux,
on en verra mieux la suite continue &
non interrompue de toutes les erreurs
humaines.

SECTION XV.

*Les usages Théocratiques se conservent
chez tous les Despotes Eccléfiastiques.*

LE cérémonial & tous les usages que
nous avons reconnus dans les Cours des
Despotes de l'Asie, se retrouveront
aussi chez les Nations qui admettent à
leur tête des Souverains Pontifes. Ces
Princes Eccléfiastiques ont surpassé l'orgueil des Rois temporels, sur lesquels,
en tout lieu, ils ont toujours prétendu

dominer, parce que leur état & leur caractere les approchent bien davantage de nos anciens Rois Théocratiques ; indépendamment de l'invisibilité qu'ils affectent tous dans l'Asie, ils prétendent encore à l'immortalité.

Le Grand Lama, que la plus grande partie de l'Orient appelle le *Prêtre universel*, ne meurt jamais dans l'esprit des peuples ; pour entretenir leur crédulité, il n'y a point de fourberies & de ruses que ses Ministres ne mettent en usage pour le remplacer adroitement quand il vient à mourir, ainsi que pour rendre son aspect rare & difficile. Si ces imposteurs plaçoient derriere un voile un bloc de marbre, ce feroit de même un véritable Roi Théocratique ; il dureroit plus que tous les Lamas du Monde ; il leur serviroit autant ; feroit moins de mal, & leur épargneroit bien des mensonges.

L'immortalité est de même un des privileges du grand *Kutuktu* ou *Katu-*

cha des Calmoucks. * Ce titre, auſſi
difficile à remplir pour lui, que tous
les autres attributs de l'Etre Suprême,
éternise en ces contrées l'impoſture des
Prêtres, qui pour perpétuer leur foible Divinité, ou plutôt leur idole,
perſuadent au peuple, que le Grand
Pontife vieillit avec la Lune, & ſe renouvelle avec elle. C'eſt par ce même moyen que l'on a éternisé les *Ado-*
nis anciens & modernes, en les faiſant
naître & mourir tous les ans, & en
réglant leur naiſſance & leur réſurrec-
tion par le cours du Soleil, comme
les renouvellemens du grand Katucha
ſont réglés par le cours de la Lune. .

Le ſuprême Sacerdoce coute bien
davantage au *Chitomé* † Grand Prêtre
de l'Abyſſinie. Le peuple apparemment trop inſtruit qu'il n'eſt qu'un
homme, & qu'il en doit ſubir la loi
finale & commune, n'accorde point
l'im-

---

* *Cer. Relig. tom.* 6.

† *Relat. d'Éthiopie par le P. Labat chap.* 1.

l'immortalité à son Pontife, mais au
seul Sacerdoce, qui ne doit pas même
vieillir, ni être sujet à l'infirmité ou à
la caducité. Comme le Grand Prêtre
& le Sacerdoce sont cependant étroitement liés ensemble, il a pour nécessaire en ce pays de défendre au *Chitomé* de
vieillir, afin que le Sacerdoce ne se
ressente point de sa vieillesse; ce seroit
dans l'esprit de ces peuples un très-grand
malheur, & le Monde même périroit,
si ce Grand Prêtre devenant caduc mouroit naturellement; le Sacerdoce en seroit avili, deshonoré & anéanti. Pour
prévenir donc de si grands maux, lorfque le *Chitomé* est malade, on l'assomme;
s'il devient vieux, on l'étouffe; & un
Pontife plein de vigueur, que l'on tient
sans doute toujours prêt, succéde à celui auquel on n'a pas laissé le temps d'ê-
tre malade, & de deshonorer le Sacerdoce, qu'on prétend éterniser par ce
barbare usage.

Je ne sçais s'il se tient un Conclave

R.

en cette contrée pour l'élection des Grands Pontifes, & si l'on y voit autant de prétendans, & de brigues, que dans le Conclave Romain; les Voyageurs ne nous en ont rien dit; ce qu'il y a de certain, c'est que le *Chitomé* Abyssin est un *Apis* Egyptien; ce bœuf sacré, cet ancien Roi Théocratique de Memphis, ne pouvoit pas non plus mourir naturellement, sans qu'il tombât de très-grandes calamités sur l'Egypte, par la raison, sans doute, qu'il auroit deshonoré l'éternité du Dieu Monarque, dont il étoit représentant; on ne l'assommoit pas, il est vrai, si cruellement que le *Chitomé* dont nous parlons, mais on le noyoit respectueusement dans le Nil, quand il approchoit de sa fin; c'étoit une solemnité fort dévote, après laquelle on lui cherchoit un successeur.

Les Mexicains * avoient aussi une sor-

* *Cérém. Relig. tom. 7.*

te d'*Apis*, ou d'*Adonis* vivant, dont le
fort n'étoit pas moins cruel ; c'étoit
un homme, qu'on renouvelloit tous
les ans ; on l'adoroit pendant le cours
de l'année ; rien ne lui manquoit du
côté des honneurs & de la bonne che-
re ; mais l'année révolue on l'égor-
geoit, après l'avoir prévenu neuf jours
d'avance, en lui difant, *Seigneur, vos
plaifirs finiffent dans neuf jours.*

Le cruauté a toujours été la fuite de
l'idolatrie, comme du Defpotifme ; ces
deux monftres ont une commune
origine.

L'Europe moderne, ainfi que l'A-
byffinie, ne reconnoit point d'immortalité dans les Souverains Pontifes ; mais
le Sacerdoce s'y prétend infaillible,
mortel, divin & indépendant de toutes les Sociétés & de toutes les Puiffances de la Terre ; comme il a perdu le
fouvenir de la primitive origine de toutes ces chimeres Théocratiques, il les
fonde fur cette feconde époque, où les

terreurs paniques de la fin du Monde,
& du regne du Ciel, les réveillerent;
& remplirent les hommes d'un efprit
de vertige, qui leur fit voir le Grand
Juge dans un Juif pauvre & miféra-
ble, qu'ils déifierent, comme celui qui
avoit fait, ou qui devoit faire bientôt
defcendre le regne du Ciel fur la Terre.
C'eft depuis cette époque de confufion pour le Genre-Humain, que le
Sacerdoce fe croit immortel, qu'il prétend montrer une fucceffion continue,
& non interrompue de Princes Spiri-
tuels depuis dix-huit fiecles, & qu'il
fe flatte qu'elle fe continuera jufqu'à
la confommation des temps. Je ne
ferai point voir quelle eft la fin à laquelle cette immortalité doit s'attendre; mais ce que je fens bien, c'eft
que fon principe fe perd dans plufieurs
fiecles de ténebres & d'ignorance; que
les premiers Papes font auffi fabuleux
que les premiers Rois d'Egypte & de
la Chine, & que cette prétendue im-

mortalité du Sacerdoce Romain ayant aussi commencé dans l'obscurité, s'évanouïra nécessairement dans la lumiere progressive des siecles futurs.

Comme le Christianisme n'a fait que renouveller une ancienne chimere dont il a été lui-même la dupe, il a toujours travaillé à ramener sur la Terre les anciennes Théocraties, & il a renouvellé les maux & les erreurs, qui étoient les suites inévitables de leurs faux principes. C'est de ces anciennes sources que sort ce dogme cruel de l'universalité future de la Monarchie Chrétienne ; c'est comme successeurs & représentans de ce faux Grand Juge, aujourdhui adoré comme *Adonis*, & comme les *Osiris*, que des hommes ont osé sur la Terre affecter l'infaillibilité & l'indépendance, & que le Sacerdoce a toujours aspiré au Despotisme, soit directement, soit indirectement, en corrompant les Gouvernemens dont la constitution en est le plus éloignée.

R 3

L'Hiftoire paffée, & l'Hiftoire préfente de l'Eglife, font les preuves de
ces triftes vérités, de l'origine de nos
maux, & des Préjugés qui les produi-
fent. Si nous avions le temps d'examiner le cérémonial religieux & politique de l'élection & de la vie d'un
Pape, nous y trouverions pour nouvelles preuves tous les traits de l'ancien
Roi Théocratique, & une multitude
d'ufages, qui n'ont d'autres fources
que les abus ridicules & idolâtres, que
la plus haute Antiquité avoit déja fait
des dogmes facrés de la defcente du
Grand Juge, & de l'arrivée de la vie
future. Je n'en voudrois point d'autres preuves que ces indulgences &
ces Jubilés que les Papes difpenfent
à leur avénement; comme fi la premiere année de leur Pontificat étoit
celle du renouvellement du Monde, &
nous ouvroit l'entrée de la vie future.
C'eft-là néanmoins l'intention de l'ouverture de la porte fainte; l'on chan-

te alors: *Ouvrez les portes de la justice, les justes y entreront; voici la journée du Seigneur.* On n'y verra un jour
que la journée des foux & des idolâtres.

SECTION XVI.

*Tous les Despotes veulent commander à la
Nature même.*

CE seroit peu de montrer chez les
Rois le cérémonial Théocratique, qui
les veut élever au-dessus du reste du
Genre-Humain, pour le traiter comme
un vil troupeau d'esclaves; il faut les
voir commander à la Nature même,
& jouer jusqu'au bout le rôle de la Divinité, dont on a voulu qu'ils fussent
les emblêmes.

L'Histoire ancienne nous offre plusieurs exemples de Princes, qui se croyant une ame plus qu'humaine, se sont
portés à cet excès d'extravagance, de

penser qu'ils pouvoient se faire obéir
des élemens.   Jusqu'ici l'on n'a apperçu dans cet orgueil que les saillies particulieres de la folie de ces Princes, &
non une conduite autorisée & reçue
dans le plan des anciens Gouvernemens;
mais en réunissant ces traits singuliers
épars dans l'antiquité, avec ceux que
l'Histoire moderne, & les Voyageurs
nous fourniront, nous serons à portée
de juger si nos Historiens Moralistes
ont vu dans ces anciennes folies tout ce
qu'ils devoient y voir.

Si nous voulions avoir recours aux
annales des Hébreux, nous y trouverions nombre d'exemples de la superbe
puissance des Despotes de Ninive, de
Perse, de Babylone, & d'Egypte, qui
se regardoient comme le principe de
toutes les choses, & comme les Maîtres de toutes les Terres, de toutes les
Mers, de tous les fleuves, enfin comme les Dieux Souverains de tous les
Dieux de l'Univers.   Mais le fiel irré-

conciliable des Hébreux contre tous ces Princes formidables ; dont ils étoient le jouët, comme la plume l'est du vent, pourroient rendre ces reproches suspects, si l'on n'y joignoit le témoignage des autres Nations.

Personne n'ignore aujourdhui les anecdotes du fameux passage de Xerxès en Grece, ni la lettre impérieuse que ce Despote de la Perse écrivit au mont Athos, pour lui ordonner de laisser passer ses armées, en le menaçant en cas de désobéissance de le faire jetter à la mer. Ce même insensé fit encore enchaîner l'Hellespont, pour avoir causé le naufrage de ses flottes ; & après lui avoir fait donner trois cent coups de fouët, comme à l'un de ses esclaves, il l'apostropha & lui dit : *C'est ainsi, malheureux élément, que ton Maître te punit.* *

Le même Auteur qui nous raconte ces folies presque incroyables, attribue

* *Herod. Liv. 1.*

R 5

au grand Cyrus une action de cette efpece. Un cheval confacré au Soleil
s'étant noyé au paffage d'un fleuve,
ce Conquérant le fit fur le champ cou-
per par fon armée en trois cent foixante canaux, pour anéantir le cours de
fes eaux facrileges.

Un ancien Roi d'Egypte, * que quelques-uns font fuccéder à Sefoftris,
châtia le Nil débordé, qui faifoit d'affreux ravages, en lançant contre lui
un javelot.

Au Royaume de Siam † les Rois com-
mandoient auffi autrefois aux élémens,
aux Génies malfaifans, & aux Démons,
auxquels ils défendoient de gâter les
biens de la terre; & comme notre Roi
d'Egypte, ils ordonnoient aux rivieres
débordées de rentrer dans leur lit, &
de ceffer leurs ravages.

Ceux qui nous ont décrit l'Afrique
‡ ont rapporté des anecdotes fembla-

* *Diod, Liv.* 1. *Herod.* 1.
† *Cerem. Relig. tom.* 6.
‡ *idem tom.* 7.

bles des Souverains de cette Région ;
ils y font prefque tous des Dieux de
plein exercice. Les peuples de Toto-
ka, ceux d'Agag, plufieurs autres voifins du Monomotapa, & ceux même
de ce grand Empire, s'adreffent à leurs
Princes dans leurs befoins ; ils y ont
recours pour la pluie, pour la famine,
pour la contagion, & leur demandent
enfin mille autres fecours divins.

Dans le Royaume de Loango, *
c'eft le Roi qui difpofe du temps ; l'u-
ne des grandes fêtes du pays eft celle
où on va lui demander la pluie & le
beau temps pour toutes les faifons de
l'année. Le Prince alors prend fon
arc, tire une fléche en l'air, & tout
le monde eft content.

Chez les Guigues † c'eft encore du
Prince que l'on croit tenir les faifons
favorables, & l'on y a recours dans
toutes les néceffités ; ce qui lui attire

* *Cerem. Relig. tom.* 7.
† Relat. de l'Éthiopie du Pere Labat. *tom.* 2.

force préfens, fur-tout quand le Ciel
eft fâcheux.

Chez les autres peuples Africains,
* où la confiance dans les Prêtres
l'emporte fur celle qu'on a ailleurs dans
les Rois, c'eft à ces impofteurs que
l'on va demander de l'eau ou de la fé-
chereffe; de l'ombre, ou de la férénité; ils s'habillent alors d'une maniere
extravagante ; ils fe chargent d'attributs, & de figures fymboliques, mon-
tent fur un lieu élevé, frapant l'air,
& tirent leurs fleches contre le Ciel;
comme ils ont l'adreffe en ce pays,
comme par-tout ailleurs, d'attendre
pour faire leurs cérémonies, l'approche des nuées quand on demande de la
pluie, afin de ne pas fe compromet-
tre, il arrive, difent les Voyageurs,
qu'ils réuffiffent prefque toujours, &
que le peuple crie au miracle; cependant ils ont l'art de n'être pas pris

* Relat. de l'Ethiopie du Pere Labat. tom. 2.

en défaut , même lorsqu'il ne pleut pas ; c'eft, difent-ils, que les péchés du peuple ont détourné les nuées.

L'Amérique n'a pas moins confervé que l'Afie & que l'Afrique ces vefti- ges remarquables des anciennes Théo- craties ; elle nous les montre même fous un point de vue plus précis que toutes les Nations dont nous venons de parler ; car d'après tous les exemples que celles-ci nous donnent, on pour- roit peut-être croire encore que ces ufages ont eu pour principe général l'orgueil & la vanité des Princes , au lieu que l'Amérique nous apprend, qu'ils appartenoient au fond , & à la con- ftitution du Gouvernement des Na- tions. Le nouveau Monde va donc pour la feconde fois, dans cet ouvrage, inftruire les habitans de l'ancien.

Un des traits les plus remarquables de l'Hiftoire & du Gouvernement des Mexicains , eft fans contredit le fer- ment folemnel que leur Empereur fai-

foit au jour de fon facre ou de fon inauguration. Il juroit & promettoit que
tant qu'il regneroit les pluies tombe-
roient à propos fur la Terre, que les
fleuves & les rivieres ne feroient point
de ravages dans les campagnes par leurs
inondations, que les biens de la terre
feroient en abondance, que l'Empire
ne feroit point affligé de ftérilité, &
que les hommes ne recevroient du
Ciel, ni du Soleil, aucunes malignes
influences. Pacte fingulier, fans doute, fur lequel Jufte-Lipfe & les Voyageurs n'ont fait que de vaines plaifan-
teries, mais qui néanmoins nous éclair-
cit tous les ufages de nos antiquités
orientales. Ce ferment a dû, en effet,
être ufité dans tous les Gouvernemens
qui ont eu primitivement la Théocratie
pour bafe & pour principe. Ainfi ces
anciens Rois de l'Afie dont on a dit
tant de mal, ne nous ont montré par
leurs excès que les vices de l'adminiftration qu'on leur avoit remife en

main. Ce fut un fardeau immenfe dont l'homme fe trouva chargé, auffi-tôt qu'à la place des fymboles muets & inanimés, on l'eut fait l'image & l'organe de la Divinité; il fallut alors qu'il commandât comme elle au Ciel & à la Terre; qu'il fût le garant de toutes les calamités naturelles, qu'il ne pouvoit produire, ni empêcher; & la fource des biens, qu'il ne pouvoit donner. Enfin les Nations imbécilles dans leurs fuperftitions l'obligerent à fe comporter comme le Dieu & comme les idoles avec lefquelles elles le confondirent; tandis qu'en le mettant à la tête de la Société, elles n'auroient dû rien exiger de lui, finon qu'il fe comportât toujours en homme, & qu'il n'oubliât jamais qu'il étoit, par fa nature, & par fa foibleffe, égal à tous ceux qui fe foumettoient volontairement à lui, fous l'abri commun des Loix & de la Religion. Parce que les hommes ont trop demandé à leurs

Souverains, ils n'en ont rien obtenu;
le Defpotifme eft devenu une autorité
fans bornes, parce qu'on en a exigé
des chofes fans bornes: l'impoffibilité
où il a été de procurer les biens furnaturels qu'on lui demandoit, n'a pu
lui laiffer d'autre moyen de manifefter
fa puiffance, que celui de faire des extravagances & des maux extrêmes.

Tout ce chapitre eft encore une
preuve, que le Defpotifme eft une
idolâtrie, toujours auffi abfurde que
criminelle.

SECTION XVII.

*Veftiges d'ufages Théocratiques dans les
Cours de l'Europe.*

TOut éloigné que foit notre heureux
climat, de ces ufages monftrueux qui
deshonorent & afferviffent encore tous
les autres peuples de la Terre, il en
conferve pourtant quelques légeres empreintes.

preintes. D'où vient, par exemple, cet antique privilege, qu'ont encore quelques Princes de l'Europe, de pouvoir, dit-on, guérir certaines maladies par leur seul attouchement, & sur quoi peut être fondée la superstition de ceux qui ont recours à ces Médecins couronnés ? Cela vient de cette coûtume idolâtre que nous venons de trouver chez tant de peuples, d'avoir recours à leurs Rois dans toutes les calamités naturelles, comme aux Souverains de la Nature, & aux dispensateurs des biens & des maux qui partent de la seule main de la Providence. Le Roi de Perse a de même ce don mystérieux ; & quelques Empereurs Romains, gâtés par l'exemple des Despotes de l'Orient, affecterent aussi la même vertu ; ce n'est donc qu'un privilege Asiatique, que l'ancienne barbarie a pu amener dans notre Continent, & que les lumieres du siecle doivent anéantir comme un opprobre. Nos Rois n'ont plus besoin

de ce foible artifice pour être aimés,
adorés, & respectés : comme ils ne peuvent faire que le bien possible, c'est
leur manquer que d'en exiger ce qui
surpasse leur pouvoir ; & comme ils
sont ordinairement remplis d'humanité,
des prieres aussi indiscrettes ne peuvent,
sans doute, qu'affliger leur bon cœur.

Il est plusieurs autres usages d'éti-
quette, qui procedent aussi, sans qu'on
le sache, des erreurs primitives ; mais,
il faut en convenir, ces usages sont devenus, ou sont en eux-mêmes, sans
conséquence, & on les suit par le seul
respect pour la coûtume, & sans qu'aucune superstition y ait part. Je n'ai
point dessein de les rappeller ici ; ceux
qui fréquentent les Cours, & qui sont
au fait du Cérémonial qui environne
les Princes, pourront en reconnoître
diverses traces dans cet Ouvrage.

Il n'est gueres de Souverain en Europe, qui, sans le sçavoir, n'affecte,
encore ces apparitions orientales & pé-

riodiques ; nos premiers Rois de France les affectoient dans leurs grands jours de Pâques & de Noël : les *grands couverts* d'aujourdhui peuvent encore partir de cette fource ; les Palais de nos Rois, ouverts en tout temps, ne reffemblent point à ces Serrails impénétrables de l'Orient, néanmoins leur entrée eft encore plus libre en de certains temps que dans d'autres, l'anniverfaire de la fête du Prince permet aux derniers du peuple de pénétrer dans tous les lieux qu'habite fon Monarque. Dans fes voyages & fur fes routes tout doit encore s'ouvrir devant lui, & les Grands ne manquent point de lever alors les barrieres ; & d'ouvrir les avenues de leurs Palais & de leurs Chateaux. L'Afie nous montre de femblables ufages, & d'autres qui y font tout-à-fait contraires quoique les uns & les autres foient fortis de la même fource. Tout eft ouvert devant le Grand Mogol quand il fort, & les

Grands doivent lui venir offrir un préfent, toutes les fois qu'il paffe devant
leurs maifons. Tout fe ferme en Perfe quelquefois, & tout fe fermoit autrefois à la Chine, quand le Defpote
fortoit de chez lui. Les ufages du Mogol & de l'Europe font, comme l'on
voit, beaucoup plus humains que ceux
de la Perfe & de la Chine ; c'eft cette
différence & plufieurs autres, que nous
avons déja rencontré dans l'ancien Cérémonial Théocratique, que nous allons actuellement confidérer, pour en
expliquer les bizarreries & les contrariétés.

SECTION XVIII.

Sources des variétés & des contrariétés
qu'on apperçoit dans les ufages de dif-
férens Gouvernemens Defpotiques.

Pour connoître les principes & la
fource des variétés que nous avons vues
dans les différentes Cours Afiatiques,

il eſt néceſſaire de recourir aux diſpo-
ſitions primitives du Genre-Humain,
& d'enviſager les différens points de
vue ſous leſquels le Grand Juge a pu
être regardé des anciens peuples dans
ſes avénemens & dans ſon regne : il devoit être enviſagé ſous deux aſpects
principaux & oppoſés l'un à l'autre,
c'eſt-à-dire, ſous une face heureuſe &
ſous une face malheureuſe. Elle étoit
heureuſe, parce que cet avénement
étoit l'annonce du regne de la paix &
de la félicité dont on ſe faiſoit de ſi
belles peintures ; & elle étoit malheureuſe, parce que ce Grand Juge étoit
en même temps l'annonce de la fin
du Monde & de ſes ſuites terribles.
Son attente étoit pour les juſtes une
ſource de plaiſirs, & de conſolation ;
mais pour les méchans, c'étoit un
objet perpétuel de crainte & de terreur ; les premiers voyoient dans l'Etre
Suprême un bon Pere, & un bon
Roi, les ſeconds n'y voyoient qu'un

Juge inexorable, & qu'un impitoyable Exterminateur.

La Divinité étant confidérée fous ces deux afpects, fes fymboles & fes images le furent de même, parce qu'ils devoient fervir à la repréfenter en tout, & à inftruire les hommes de toutes les grandes vérités qui la concernoient.

Lorfque par la fuite des temps l'homme eut abufé des premiers fymboles muets & inanimés qui avoient fervi à lui montrer le Dieu Monarque fous ces deux faces, & qu'il en eut fait une multitude de Déités & de Puiffances particulieres, le Monde Payen fe trouva rempli de deux ordres de Divinités, dont les unes pafferent pour les amies du Genre-Humain, & les autres pour des Démons & des Génies mal faifans, que l'on adora par crainte, mais dont on n'ofa prononcer le nom; ce fut là la fource de cette famille obfcure des Dieux inconnus, que l'on trouve dans la Mythologie de prefque toutes les Nations.

LES Mages & les Perses, qui ne donnerent point avec le même excès dans le Polythéisme abfurde des peuples d'Occident, fe jetterent dans une autre erreur, par les fpéculations qu'ils firent fur les deux différens afpects de l'ancien Grand Juge.

Comme les Théologiens de ces temps reculés, ainfi que ceux de nos jours, n'étoient capables que d'embrouiller ce qu'ils ne pouvoient comprendre, & que le bien & le mal. qu'ils voyoient dans le phyfique & dans le moral de l'Univers, les embarraffoit étrangement; ils firent de la Divinité confidérée fous fes deux attributs primitifs, deux principes différens & ennemis l'un de l'autre, qu'ils imaginerent être toujours en guerre, & produire tour à tour le bien & le mal. L'ordre & le défordre, qui femblent être la bafe de cette harmonie générale de l'Univers, auroient dû cependant ramener ces Docteurs à des principes plus fimples.

Les Dogmes de la Religion s'étant ainsi altérés & corrompus par l'abus que l'on fit des symboles inanimés dont elle se servit, & par les méditations des Théologiens, qui se remplirent l'imagination de phantômes hideux, & de Puissances imaginaires; les mêmes abus , & les mêmes erreurs passerent nécessairement dans les Gouvernemens civils & politiques, lorsque ce fut des hommes que l'on prit pour représenter le Dieu Monarque , & lorsqu'on les chargea de tous ses attributs; mais les suites de ces abus y furent des malheurs bien plus réels & bien plus funestes: on ne peut considérer un mortel comme le Maître Souverain du bien & du mal, sans lui mettre par là les armes & la foudre à la main, & sans donner la vie & l'existence aux objets imaginaires & invisibles des terreurs superstitieuses; ainsi après avoir donné l'être aux Démons, on donna l'être aux Tyrans.

Il est vrai que ces symboles vivans

furent également chargés des attributs
d'équité, de bonté, & d'amour, &
que s'ils eurent à repréfenter la Divinité fous fon afpect le plus effrayant,
ils devoient auffi la montrer fous l'afpect de fes vertus & de fes perfections;
mais indépendamment de l'impoffibilité où ils fe trouvoient de remplir ce
dernier rôle, nous devons avoir affez
bonne opinion du bon fens des Nations,
même dans leurs erreurs, pour croire
que le fentiment tacite qu'elles dûrent
toujours avoir, de l'imperfection de
tous ces divers fymboles de la Divinité, fit qu'elles furent bien plus por-
tées à trembler devant les idoles bru-
tes & humaines, qu'à avoir en elles
cette parfaite confiance que l'amour
fuit de fi près. L'idolatrie & le Defpotifme eurent donc l'un & l'autre la
crainte & la terreur pour principe &
pour fondement. La conduite des
Princes porta enfuite au plus haut degré ces fentimens de frayeur & d'avi-

liſſement, dont les premiers germes
étoient dans la conſtitution de l'Etat
& de la Religion. Maîtres Souverains
& libres de leurs actions comme Dieu
même, ſi les Rois porterent comme
les enfans de Samuël, les noms d'*A-
biach* & de *Joël*, c'eſt-à-dire, de *Dieu
Pere*, & de *Dieu fort*, & de redoutable; s'ils virent & leur trône, & leur
titres décorés de tous les attributs de
l'Etre Suprême, leur orgueil & leur
vanité ſe trouverent bien plus frappés
de ceux qui repréſentoient une puiſſance
invincible & une volonté immuable.
En un mot leurs paſſions & leur foibleſſe leur faiſant trouver beaucoup
plus de facilité à contrefaire le Grand
Juge ſous ſon aſpect le plus terrible,
parmi tous les mobiles qu'ils pouvoient
choiſir pour ſe conduire eux-mêmes &
pour conduire le Genre-Humain, ils
préférerent la crainte à l'amour.

Nous pouvons à préſent entrevoir les
cauſes des diverſités, ou plutôt des

contrariétés que nous avons rencontrées dans le cérémonial des Cours A-
fiatiques; elles ont eu pour origine les
attributs oppofés de l'ancien *Dieu Monarque*, que les Princes étoient obligés
de repréfenter, mais entre lefquels ces
Princes n'ont point pu, & n'ont point
voulu maintenir une jufte balance.
Voilà pourquoi prefque tous les Defpotes fe font tenus cachés, ont dérobé
la connoiffance de leur nom, n'ont
paru que pour exciter la terreur, que
pour répandre la frayeur; il a fallu
prefque par-tout fuir à leur afpect, &
fermer les portes comme à l'approche
de l'Ange exterminateur.

Ces déplorables abus remontent à la
plus haute Antiquité, & peut-être même aux temps Théocratiques.

Les Prêtres des Scythes, ces anciens
peuples de la haute Afie, ne leur montroient leur Dieu que fous la forme
d'une lance ou d'une épée; il en étoit
à peu près de même du *Jehovach* des

Hébreux; ce n'étoit selon leurs Docteurs & leurs Prophetes, qu'un Monarque févere, cruel, impitoyable,
jaloux, & vindicatif, qu'ils décoroient
de tous les titres, & de tout l'appareil
de la terreur; auſſi le Judaïſme n'étoit-
il, & n'eſt-il encore, qu'une Religion
de ſervitude. * Cet eſprit de crainte
& de Deſpotiſme que l'on découvre
dans la Théocratie des Hébreux, qui
eſt la plus ancienne & la ſeule que

* Le titre ſi fréquent que ſe donne le Dieu
des Hébreux de *Dieu des Combats*, m'a fait
longtemps ſoupçonner qu'il n'étoit que le Dieu
des Scythes, c'eſt-à-dire, l'impitoyable Mars.
Un rapport & une tradition ſinguliere a prouvé
par la ſuite la vérité de cette conjecture.

Hiſtiée de Milet, ancien Hiſtorien des Antiquités Phéniciennes, rapporte qu'après le Déluge les Prêtres qui s'étoient réfugiés dans les
montagnes rapporterent au Sénat le culte ſacré
du Dieu *Enyalius*. Or *Enyalius* & *Enys* ſont
des noms Grecs de *Mars* & de *Bellone*. De
plus Mars occupe le troiſieme rang dans la Gé-
néalogie des ſept premiers Patriarches. Cet *Enos*
eſt viſiblement le même que Mars; ſon nom
ſignifie en Hébreu *choſe mortelle*; ainſi il eſt encore le même qu'*Enyalius*, que les Grecs auront
formé d'*Enos* & de *Lylus*, mot Phénicien pour
exprimer en un ſeul mot le *Dieu qui porte la mort*.

nous puiſſions diſtinctement connoître dans l'Hiſtoire de toutes les Nations, pourroit peut-être faire ſoupçonner ici, que les Théocraties & le Deſpotiſme qui en eſt ſorti, ont pu être réellement établis dans le deſſein de gouverner les Sociétés par la terreur, & que les Légiſlateurs ont pu y être forcés par la dureté qu'ils auroient reconnue dans l'eſprit & dans le cœur des hommes ; la Théocratie des Hébreux qui paroît avoir été établie ſur ce principe, ſemble favoriſer ces ſoupçons, & même les réaliſer par un exemple frapant, lequel aux yeux d'une multitude de perſonnes, ſera d'un poids & d'une conſidération infinie.

Il n'en doit pas être de même pour des yeux éclairés, qui ſe feront déja apperçus du faux & du merveilleux dont les annales Hébraïques ſont défigurées. Ou la Théocratie des Hébreux n'a jamais exiſté telle que l'Hiſtoire nous la décrit, ou ſi elle a ſubſiſté ſur ce ton, ce n'a dû être que dans des temps très - poſtérieurs aux anciennes. Nous ne devons donc point nous y méprendre, ni nous imaginer, qu'elle ait été la ſeule, & encore moins la premiere de toutes les Théocraties; elle n'en a été qu'une tardive & très - infidele copie; peut-être même, vu les fables ſans nombre dont elle eſt d'ailleurs remplie, n'eſt-elle qu'une mauvaiſe collection de fauſſes traditions ſur les anciens temps que l'impoſture a rapprochées, & que l'ignorance a colorées des mêmes traits, & du même caractere qu'elle voyoit regner dans les Deſpotiſmes voiſins, lors qu'elle s'eſt aviſée de les écrire. Il ne faut pour s'en convaincre qu'enviſager avec un peu d'attention le plan & l'eſprit de cette Théocratie, & l'Hiſtoire vraie ou fauſſe des événemens antérieurs que la Bible a rapportés; on voit alors que le Gouvernement n'a été établi chez les Hébreux que pour les ſéparer de toutes les Nations étrangeres & idolâtres.

On remarque que les premiers com-
mandemens Théocratiques donnés fur
le mont Sina, défendent le culte des
idoles des Dieux, ce qui prouve que
l'ignorance & la profanation du nom de
Dieu, étoient répandues fur la Terre,
depuis un grand nombre de fiecles; &
l'on apperçoit dans les premiers Livres
de Moïfe une multitude de noms & de
fêtes qui ont rapport à la Mythologie,
& à l'Idolâtrie.

Jugeons actuellement par ces remar-
ques, à quel point l'Hiftoire du Monde doit être renverfée dans ces prétendus Livres facrés, puifqu'ils font la
Théocratie moins ancienne que l'idolatrie, qui en étoit cependant, comme
nous avons vu jufqu'ici, la funefte fuite, & la fille; nous ne devons donc
point chercher dans ces livres le premier efprit Théocratique, ni être é-
tonnés que les Hébreux l'ayent méconn-
nu, & qu'ils nous ayent montré leur
Dieu Monarque auffi terrible qu'étoient

les Defpotes d'Affyrie , de Perfe , &
de Babylone, dont les Gouvernemens
n'étoient plus que des Théocraties
tyranniques , dont le Prince invifible
avoit été perfonifié depuis très-long-
temps.

Après avoir montré le néant de la
baze hiftorique fur laquelle ce foupçon
contre l'ancien caractere du Genre-Humain auroit pu s'appuyer, je crois devoir encore faire appercevoir combien
ce foupçon feroit injufte en lui-même,
& injurieux pour les hommes en général. Si cette atrocité, & cette dureté
du cœur humain ont pu fe voir & fe
voyent réellement aujourdhui dans plufieurs contrées de la Terre, ce n'eft
pas là qu'il faut aller pour fe former u-
ne idée du génie des peuples primitifs,
& encore moins de celui des anciens
témoins des malheurs du Monde, qui
font les feuls que nous devions confidérer ici; devenus, par leurs fouffrances & par leurs miferes , religieux ,

mo-

modérés , industrieux , & compatif-
fans, jamais de pareils hommes n'ont
eu befoin d'être conduits avec un fceptre
tre de fer ; il ne leur falloit qu'un Gouvernement paternel, & ami du Genre-
Humain ; c'eft celui-là qu'ils avoient
pris fans doute, puifque le Defpotifme
en bien des contrées , ofe encore en
porter le nom ; puifque le fouvenir des
premiers temps a toujours été un fouvenir cher à toute la Terre; puifque les
veftiges qui nous reftent dans l'Hiftoire de la Légiflation de ces premiers â-
ges, en font encore le plus parfait é-
loge. Les hommes, à la vérité, furent imprudens & fuperftitieux, quand
ils s'imaginerent devoir foumettre leurs
inftitutions civiles au Dieu Monarque ;
mais cette fauffe fpéculation prouve
elle-même combien leurs intentions é-
toient droites , combien leur deffein
étoit pacifique , & leur caractere fim-
ple & paifible ; s'ils ont changé par la
fuite, c'eft en portant la peine , non

T

de leur méchanceté, mais de leur fuperftition ; ce font les fuites inévitables de leur malheureux choix, qui
en produifant les Tyrans, produifirent
infenfiblement l'altération du cœur &
de l'efprit des Nations ; elles s'endur-
cirent à proportion de la dureté des
Gouvernemens ; elles fe roidirent fous
le poids des fardeaux qu'on leur fit
porter ; & elles devinrent infenfibles
& abruties par les miferes extrêmes de
leur efclavage.

C'eft ainfi que les abus fortis des
Théocraties, & les rigueurs du Defpotifme, ont perverti le caractere primitif des hommes, ont prefque changé leur nature, & qu'en un grand
nombre de contrées, ils les ont forcé
de repouffer par autant d'excès les excès dont ils étoient écrafés.

Les habitans anciens & modernes du
Continent de l'Afie, qui nous ont fait
voir tant de fois le fpectacle des grandes révolutions dans la perfonne des

Defpotes, font néanmoins, & ont toujours été, par leur caractere & leur climat, des peuples doux & pacifiques; telle a toujours été la douceur, la bonne foi, & l'excès de Religion de ces trop malheureufes Nations, qu'après avoir été cent fois les dupes & les victimes des monftres adorés, qu'elles auroient dû étouffer, il ne leur eft point encore venu dans l'idée d'établir un Gouvernement plus fixe & plus modéré, en mettant le Trône, le Monarque & le peuple à l'abri d'une commune loi, qui pût les défendre & les foutenir réciproquement;

Quel affreux Gouvernement que celui dont la cruauté & la rigueur s'éternifent par la douceur, & par la foumiffion naturelle des Nations! Combien feroit fauffe, pour ne rien dire de plus, une idée qui voudroit nous porter à foupçonner, que le Defpotifme auroit été le fruit d'une légiflation raifonnée, accommodée au véritable caractere de l'homme, & faite pour le bien du Genre-Humain! Notre cœur la contrediroit; elle feroit démentie par l'expérience & par l'Hiftoire.

S'il eft cependant un pays au Monde où le Defpotifme femble encore fe montrer fous quelques traits favorables, & propres à affoiblir l'horreur qu'on doit avoir pour lui; ce feroit, fans doute, la Chine, où ce Gouvernement paroît avoir eu un fi grand fuccès, qu'il eft difficile d'imaginer qu'aucun autre eût pu, ainfi que lui, maintenir l'immortalité de cet Empire, qui paffe pour le plus fage, comme il eft le plus ancien, de tous ceux qui fubfiftent fur la Terre. Cette finguliere exception mérite bien que nous difions un mot de la Chine, & que nous y fuivions l'ennemi commun de l'humanité, pour l'attaquer, s'il eft poffible, fur fon premier Trône, & au centre même de fa gloire.

SEC

SECTION XIX.

Du Despotisme de la Chine.

Si les Loix de la Chine avoient été faites par le Despotisme, elles feroient sans doute son éloge; mais dans cet Empire, comme par tout ailleurs, elles l'ont précédé; les Souverains y ont été eux-mêmes l'ouvrage de la Société & des Loix; la même chaîne d'événemens que nous avons jusques-ici suivie chez tous les peuples du Monde, a produit de même en cette contrée le mélange de biens & de maux qui devoient être les suites néceffaires des premieres Inftitutions, & des premiers Préjugés des hommes.

Ce qui diftingue feulement les Chinois de tous les autres peuples, & ce qui a contrebalancé quelquefois les maux que les Préjugés originels ont fait naître dans leur Empire, c'eft le

T 3

respect fans bornes qu'ils ont eu dans tous les temps pour les inftitutions primitives de leurs ancêtres, & la vénération profonde qu'ils ont confervée pour les anciennes Loix civiles & politiques, qui n'avoient point eu d'autre modele que les Loix économiques, domeftiques & morales des premieres familles du Monde renouvellé.

Ce rare privilege des Chinois ne doit point cependant nous les faire regarder comme une efpece d'hommes particuliers, s'ils ont été plus fages & plus heureux que tant d'autres peuples qui avoient poffédé de même ces Loix ineftimables, & qui les ont perdues depuis fi long-temps, c'eft à la feule fituation de leur Empire qu'ils en ont l'obligation; placés au bout de l'Univers, environnés d'un côté de mers immenfes, de l'autre de montagnes inacceffibles, inconnus du refte de la Terre, & qu'ils ne connoiffoient point eux-mêmes, aucun événement exté-

rieur n'a dû, pendant une très - longue
succeſſion de ſiecles, altérer l'écono-
mie primitive de cet Empire ; les Loix
ont eu le temps d'y produire tout le
bien qu'elles étoient capables de faire ;
la longue expérience de leur utilité &
de leur excellence, ayant gravé pour
elles dans le cœur des peuples un reſpect
éternel, eſt la ſeule cauſe par laquelle
l'eſprit primitif du Genre-Humain s'y
eſt conſervé, & fait encore' aujourdhui
l'eſprit national de cet Empire extraordinaire. Sans ce hazard la conſtitution
de la Chine auroit ſubi, ſuivant les apparences, le ſort commun à toute la
Terre, parce qu'elle auroit auſſi en elle-même le vice commun & le germe
fatal de ce Deſpotiſme & de cette ſervitude, qui s'y ſont néceſſairement é-
tablis, & qui y ont ſouvent produit,
comme par-tout ailleurs, les grandes révolutions. Leurs fables & leurs idolatries ſont des monumens certains du
regne des chimeres, & des Préjugés

T 4

Théocratiques ; le cérémonial des Empereurs, aussi-bien que la conduite &
la façon de penser du peuple à leur é-
gard, font encore des preuves parlantes
que les hommes y ont monté fur l'ancien Trône du Dieu Monarque, par les
mêmes degrés dont nous avons reconn
nu les traces chez toutes les autres Nations, & que les Rois n'y ont été de
même placés & établis que pour repréfenter fur la Terre le fouverain Maître du Ciel, & tenir dans leurs mains
la balance du bien & du mal que Dieu
feul étoit capable de difpenfer à propos & avec juftice.

Loin donc de nous aveugler fur le
compte de ce peuple fameux, nous devons au contraire nous appercevoir,
par tous fes ufages, qu'il a également
confervé les bonnes & les mauvaifes
empreintes de fa conftitution ancienne.

L'Empereur de la Chine fe dit fils
du Soleil ; on ne lui parle qu'à genoux,
& il a été des temps où il ne fe mon-

troit jamais; il ne paroiſſoit qu'à une
fenêtre à de certains périodes, & l'on
fermoit ſes portes lorſqu'il ſortoit de
ſon Palais; il eſt décoré, comme les
Oſiris de l'Egypte, de tous les titres
& de tous les attributs de la Religion,
comme il l'eſt de la Police; enfin
dans tous les temps il a joui d'une puiſſance & d'une autorité qui n'ont été
reſtraintes par aucune Loi humaine,
quoique la Chine eût pu lui en donner
de ſi bonnes.

C'eſt ainſi que cette contrée nous
offre le mélange le plus bizarre de ſageſſe & de folie. Si nous voulions en
parcourir les annales, tantôt nous verrions des Rois ſe faire un ſingulier
honneur du titre de Paſteurs & de Nour-
riſſiers de leur peuple, qu'ils regarde-
roient comme leurs enfans, & nous
verrions ces peuples heureux donner le
nom de *Peres* à ces bons Rois; * tantôt nous verrions auſſi ces Rois devenir

* *Mem. du P. Le Comte*, t. 3.

T 5

la honte & le fléau de l'humanité , remplir leurs Etats d'horreur & de dé- sespoir , & forcer les peuples à prendre un génie atroce pour exterminer des familles entieres de Tyrans , ou pour appeller d'autres barbares à leur secours, afin de leur remettre leur liberté , & leur vengeance.   Dans ces cruelles vi- cissitudes , qui ont si souvent changé les Maîtres de cet Empire , où les dé- fauts de sa constitution lutoient sans cesse contre ses vertus , la force des Loix naturelles donnoit toujours le ton au commencement des Dynasties ; & telle étoit leur excellence , que les nou- veaux Conquérans s'y soumettoient eux-mêmes en les admirant ; mais par la suite le vice caché se dévelopoit , il se fortifioit insensiblement , & à la fin il causoit un nouvel embrasement.

Ce ne seroit donc tout au plus que dans les premiers temps de chacune de ces Dynasties , ou peut-être encore lorsque le Ciel auroit fait présent à cet

Empire de quelque Prince extraordinaire par ſes vertus perſonnelles, que nous pourrions y voir le modele d'un parfait Gouvernement ; mais qu'on ne s'y méprenne point, ce Gouvernement n'étoit plus alors un Deſpotiſme.

Lorſque quelques ſages Empereurs, dans l'excès même de leur puiſſance, ont préféré, au titre de terrible & de redoutable, celui de pere & de nourriſſier, il paroît que ſi ces Princes n'étoient point bornés & retenus par des Loix, ils ſe croyoient néanmoins bornés & retenus par la raiſon & par les mœurs ; enſorte que le Gouvernement de la Chine, Deſpotique par ſa nature, & Théocratique dans ſon principe, c'eſt-à-dire, peu fait pour la Terre, ſe rapprochoit alors de l'homme & de l'humanité, & s'y proportionnoit, pour ainſi dire, par le bon ſens, & la ſageſſe de ces reſpectables Monarques. Dans ces glorieux inſtans, où ils étoient capables de donner ainſi des bornes à leur vaste puissance qui n'en avoit point, le Despotisme des Souverains étoit Monarchique dans son exercice, & c'est ce qui en faisoit alors le bonheur & la sureté.

Q'est-ce, en effet, qu'un Despotisme qui tolere dans ses Etats des Corps anciens de Magistrats & de Sçavans, qui ont osé souvent & avec succès, sous les bons Princes, faire des remontrances à leur Despote, lui donner des leçons & l'instruire, lui dire avec autant de vérité que de hardiesse, que l'obligation où il est de modérer sa puissance, & de ne point abuser de son pouvoir, l'établit au lieu de le détruire, & que la gêne salutaire qu'il doit donner lui-même à ses passions, ne le rend pas sur la Terre de pire condition que le souverain Empereur du Ciel, qui ne se permet que le bien? Un tel Gouvernement, dans ces brillantes circonstances, n'étoit pas encore tout-à-fait une Monarchie; il n'étoit pas non plus un Despotisme, mais une de ces anciennes Théocraties, que les faux principes n'avoient point encore corrompue ; c'étoit une précieuse image des siecles primitifs , & de cet âge d'or si fameux, où la raison étoit encore la premiere & la seule Loi du Genre-Humain.

Le Pere Le Comte ne s'est donc point trompé tout-à-fait, quand il a dit qu'à voir les anciennes Loix de la Chine, il sembleroit que Dieu lui-même en auroit été le Législateur; c'est qu'elles avoient été faites dans ces temps Théocratiques où Dieu avoit été en effet regardé comme le Roi de la Terre, & les habitans de la Terre comme les justes & les élus sur lesquels il alloit immédiatement régner.

Ainsi ces grands traits de l'Histoire de la Chine ne nous ramenent point au Despotisme ; mais ils nous rappellent la haute & sublime spéculation des Nations primitives qui voulurent se mo-

déler sur le Gouvernement du Ciel ,
pour se rendre heureuses ici-bas ; & en
nous la rappellant, ils nous en font en
même temps connoître tout le danger
& toute l'illusion, puisque, en conséquence de cette fatale supposition, toutes les Nations s'abandonnerent sans
précaution au caprice d'un seul homme , croyant s'abandonner à la sage
Providence du souverain Empereur du
Ciel & de la Terre.

Ces anecdotes détachées, que nous
admirons dans l'Histoire de la Chine,
ne peuvent donc point contrebalancer
le cri des Nations, & l'expérience de
tous les temps, qui s'éleve contre
ce systême Théocratique, & contre
toutes les administrations arbitraires
qui en sont sorties. J'entens cette voix
universelle apprendre aux Chinois
eux-mêmes, qui n'ont pas toujours
été aussi sages & aussi heureux qu'on
se l'imagine, que toutes les secousses
qui ont ébranlé plusieurs fois leur Em-

pire, n'ont point eu d'autre fource que
le furnaturel des fpéculations de leurs
ancêtres; que ce font elles qui ont
donné naiffance chez eux, comme par-
tout ailleurs, à des Sardanapales, à des
Nérons, & à des monftres qui, fous le
nom de la Divinité, & à l'abri des
Préjugés Théocratiques, fe font joués
de la Nature humaine; que ce font les
révolutions que ces anciennes chimeres
ont occafionnées, qui ont ruiné en
cette contrée, comme dans toutes les
autres, les vrais monumens de l'Hiftoire
du Monde; pour mettre en leur place
des recueils de menfonges, & des annales fabuleufes, * que ce font leurs

* L'Antiquité nous parle de plufieurs Princes
qui ont eu la folie & la cruelle ambition de détruire les monumens de tous les Regnes, & de
tous les temps qui les avoient précédés, afin de
paffer dans l'efprit de la poftérité pour les premiers hommes & pour la fource & l'origine de
toutes les Sociétés. Ces monftres ont envié
aux révolutions de la Nature leur trifte pouvoir, & ils cherchoient vraifemblablement à la
contrefaire. Les idées & les Préjugés qu'a-
voient les Anciens fur les Périodes Aftronomiques & Aftrologiques, de la durée du Monde,
ont dû contribuer à la folie de ces Princes; on

anciennes suppofitions & les abus du
cérémonial figuré, qui les ont fait
tom-

s'imaginoit que dans un période qui fuccédoit
à une autre, le Monde n'étoit plus le même; &
comme la Religion avertiffoit alors qu'il falloit
fe renouveller, comme elle nous en avertit
encore, on croyoit qu'il falloit tout renouveller
& tout changer, jufqu'à fa mémoire; alors,
comme au Jubilé des Hébreux, tout le paffé étoit
cenfé oublié & comme non avenu; on quittoit
l'ancienne façon de compter les années, & l'on
en prenoit une nouvelle, qui faifoit négliger les
fiecles & les époques antérieures. Voilà, fans
doute, quelle eft l'origine de ces époques, &
de ces différentes Eres Chronologiques, qui
ont tant embrouillé l'Hiftoire du Monde, &
dont peut-être il ne nous refte dans nos Hiftoires que la plus petite partie. Indépendamment
de ces Préjugés, & de leurs effets naturels, la
folie des Conquérans a encore été de renouveller ces époques. Les Rois Pafteurs ont tâché d'éteindre en Egypte le fouvenir des âges
paffés; les Babyloniens & les Chinois ont eu
de pareils extravagans, qui dans le même deffein ont fait brûler une multitude de Livres,
dont on devroit à jamais déplorer la perte. C'eft,
fans doute, aux fuites de ces frénéfies, que
nous devons les annales Judaïques; cette Nation a tellement méprifé toutes les autres, que
nous pouvons penfer qu'après fes tranfmigra-
tions, leurs Prêtres ont reconftruit de leur
mieux leurs annales, en tâchant d'abforber toute l'antiquité, & de ramener à eux feuls l'origine de toutes les Nations : ce qui découvre
déja

tomber dans l'idolatrie, sœur & compagne inséparable du Despotisme ; enfin, que ce sont tous les faux principes de la Théocratie en Police comme en Religion, qui ont produit toutes les différentes catastrophes qui y sont arrivées depuis le renouvellement du Monde, qui est la date de cet Empire.

D'après cet examen de la constitution de la Chine, & de la connoissance du caractere de ces Peuples passionnés pour les coutumes bonnes & mauvaises qu'ils ont reçues de leurs ancêtres,

déjà leur folle vanité, & ce qui ne peut manquer de les confondre un jour, c'est que comme ils ont reconstruit ces annales avec plus de superstition que de génie, ils n'y ont employé en partie que les matériaux primitifs, qu'ils ont déplacés & déguisés à la vérité, mais dont cependant il n'est pas impossible de reconnoître la forme & la place primitive. Les annales des Hébreux, des Egyptiens, des Chinois, &c. présentent à mes yeux des bâtimens neufs construits par des Architectes mal-adroits & trompeurs, qui en se servant des matériaux d'un bâtiment plus ancien qu'ils ont démoli, n'en ont point effacé les reliefs primitifs; d'où il arrive que l'on retrouve souvent les pieces de l'entablement du premier édifice, dans les fondemens du second.

V

nous pouvons jetter un coup d'œil
fur l'avenir, & prévoir ce qui pourra
arriver un jour à ce fameux Empire,
de cet attachement plus machinal
que raifonné. Comme il met obfta-
cle au progrès de l'efprit humain,
& que ce qui n'avance point dans le
moral, & dans le politique, comme
dans le phyfique, recule réellement, il
arrivera que les Chinois feront un jour
les plus malheureux Peuples du Monde; ils feront les plus malheureux, lorfque ceux qui le font aujourd'hui plus
qu'eux, fe feront perfectionnés par l'u-
fage de la raifon. Ce qui refte à la
Chine de fes anciennes inftitutions, s'é-
teindra néceffairement; ce refte s'é-
vanouïra dans les révolutions futures,
comme ce qu'elle n'en a déja plus,
s'eft évanoui dans les révolutions paffées; enfin, comme elle n'acquiert
rien, elle perdra toujours, & les changemens qu'elle fubira, feront en mal,
comme partout ailleurs ils feront en bien.

SECTION XX.

Conclusion sur le Despotisme.

LEs sources & les causes du Despotisme doivent être actuellement aussi connues que les maux qu'il a produits; quelle noble qu'ait été son origine; ce Gouvernement n'a jamais été qu'un monstre dès sa naissance, & il ne sera jamais que le fléau du Genre-Humain, qu'il avilit, qu'il dégrade, & qu'il déshonore.

La Théocratie avoit pris les hommes pour justes, le Despotisme les a regardés comme méchans: l'un & l'autre Gouvernement, en supposant des principes extrêmes qui ne sont point faits pour la Terre, ont produit à la fois la honte & le malheur du Monde; l'idolatrie est venue s'emparer du Trône élevé au Dieu Monarque, & une servitude sans bornes a pris la place de cette précieuse liberté qu'on vouloit conserver par des moyens surnaturels.

On avoit espéré faire descendre sur la Terre la félicité du regne & de l'état des justes dans le Ciel, & l'on s'est plongé dans les horreurs & le désespoir du regne des Enfers.

Au lieu de regarder les Rois comme les représentans de la raison publique, & l'image abrégée de la Société sur laquelle ils président, on a voulu les regarder comme les représentans de la Divinité, qui n'en peut avoir sur la Terre sans s'être avilie, & sans que sa fausse image ne nous trompe par la multitude des préjugés qui naissent de cette superstition.

Il est donc enfin démontré que le Despotisme est un genre de Gouvernement aussi contraire à la Religion qu'au bon sens & à la droite raison ; pour le définir en deux mots, le Despotifme n'eſt qu'une Théocratie Payenne.

Je dis que le Deſpotiſme eſt une Théocratie Payenne; il ſuffiroit, ſans doute, de dire que c'eſt une Théocratie; car que peut-il y avoir ſur la Terre de Théocratie qui ne ſoit Payenne & idolâtre?

L'idolatrie ne conſiſte pas ſimplement à regarder une ſtatue, un animal, ou un homme comme le repréſentant de Dieu; pour bien définir l'idolâtrie, on devroit dire que c'eſt *un culte ou une police qui ſuppoſe comme divin ce qui n'eſt pas divin*; ainſi non ſeulement c'eſt une idolâtrie d'adorer une ſtatue, un animal, ou un mortel comme un Dieu; mais c'eſt encore une idolatrie de s'imaginer que les paroles de cet homme, & les oracles qu'on fait prononcer au marbre & au bronze, ſont les paroles & les décrets de la Divinité. C'eſt une idolatrie de préférer des ſpéculations, des idées & des chi-

mères myſtiques & Théocratiques, à
la raiſon & au bon ſens. C'eſt une idolatrie de regarder toute Légiſlation
comme immédiatement émanée de
Dieu même, & dictée à ſes Miniſtres
par le Ciel. C'eſt une idolatrie de reconnoître dans ces Miniſtres Théocratiques un caractere divin & ineffable.
C'eſt une idolatrie d'appliquer à la
conduite des hommes ici-bas, les Loix
qui ne ſont faites que pour les créatures céleſtes. C'eſt une idolatrie de ſa-
crifier la paix & la tranquillité, & la
raiſon publique à tout ce qu'on appelloit, & ce qu'on appelle Aruſpice,
Augure, Magie, Divination, Oracle,
Prophétie & Révélation. C'eſt une
idolatrie de confondre le Ciel avec la
Terre, de ne vouloir pas dépendre de
la raiſon publique, de ſe méconnoître,
& de prétendre être plus qu'un homme. C'eſt une idolatrie de renoncer au
titre de Citoyen du Monde, & de ſujet
de ſon Prince naturel, pour tyranni-

ser le Genre-Humain au nom de la Divinité, ou pour vivre en reclus, en méprisant ou en oubliant le reste de la Terre.

Enfin, puisqu'il faut en convenir, la Théocratie, source de toutes les erreurs, le Despotisme sacré & civil qui en est sorti, & tous les Gouvernemens & administrations qui en sont dérivées, ou qui leurs ressemblent, sont des idolatries aussi absurdes en elles - mêmes, qu'elles sont criminelles envers la Divinité, & pernicieuses pour toutes les Sociétés.

SECTION XXI.

Comment le Despotisme a pris fin en Europe. Les Républiques lui succèdent. Faux principes de ce nouveau Gouvernement.

APrès être parvenu à connoître toutes les circonstances de la naissance,

V 4

des progrès, & du regne du Defpotifme, on voudra peut-être fçavoir de
quelle maniere il a pris fin chez plufieurs des peuples de la Terre, & quels
font les peuples auxquels fon joug a-
yant paru le plus infupportable, ont
été les premiers à rompre leur chaînes
pour fe donner un autre Gouverne-
nement; on defirera, fans doute, encore d'apprendre quel eft le genre de
Gouvernement que ces Nations auront
choifi; & comme perfonne n'ignore
qu'il n'en a point paru d'autre que le
Républicain & le *Monarchique*, on me
demandera au moins quelles ont été les
vues de ceux qui les ont établis, &
quel eft le caractere de ces deux nouvelles Légiflations? Comme ces queftions font les fuites prefque inféparables de notre fujet, je vais tâcher d'y
répondre.

C'eft ici que dans cette multitude de
Nations anciennes qui vivoient toutes
dans un égal efclavage, nous verrons

quelques hommes commencer à fentir
les privileges de leur nature, & la force de leurs climats.

L'hiftoire du Monde, dont nous
pouvons actuellement entrevoir les
temps connus, nous apprend que c'eft
l'Europe qui, fatiguée du Gouvernement tyrannique de fes anciens Rois,
renverfa la premiere les Trônes de la
Gréce & de l'Italie, & qui, cherchant
à rendre à la Nature Humaine l'honneur & la liberté qu'on lui avoit ravie,
établit par-tout le Gouvernement Républicain, comme le plus capable de
rendre les hommes libres & heureux:
nouveaux-moyens & nouvelles méprifes dont il faut encore étudier les
fourches.

Nous avons vu plus haut qu'après
l'extinction de la Théocratie Eccléfiaftique, prefque tous les Peuples évite-
rent le Gouvernement de plufieurs,
par un principe religieux, & par le
préjugé que les hommes devoient être

gouvernés fur la Terre par une feule
volonté, comme l'Univers entier l'eft
par l'Etre Suprême.   Les mauvaifes
conféquences qu'on avòit tirées de ce
grand principe, ayant néceffairement
produit les plus grands maux dans chaque Société, & les plus grands ravages par toute la Terre, les Européens
s'en dégouterent les premiers, à la vérité, parce qu'ils furent de tous les
hommes les plus fenfibles à ces abus;
néanmoins il ne faut pas nous imaginer
que tous les anciens préjugés fuffent é-
teints parmi eux, & qu'ils n'eurent
plus de part au nouveau genre de Gouvernement que les Peuples fe donnerent
dans cette révolution politique. Les
anciennes fpéculations Théocratiques
fe réveillerent; & comme elles influe-
rent fur les nouveaux arrangemens que
l'on prit, & fur les projets de liberté
qu'on imagina de toutes parts, ces anciennes chimeres furent encore la fource de tous les vices & de tous les dé-

fordres des conftitutions Républicaines de la Grece & de l'Italie.

Le Gouvernement d'un Roi & fa néceffité tenoit encore dans l'efprit des Peuples de l'Europe tellement à leur Religion, que ceux d'entre eux qui conçurent le plus de haine & d'horreur contre la Royauté, crurent néanmoins devoir en conferver l'ombre, s'ils en anéantiffoient la réalité. Les Athéniens & les Romains en réléguerent le nom, fans aucun pouvoir dans le Sacerdoce ; & les uns en créant un *Roi des Augures,* & les autres un *Roi des Sacrifices,* s'imaginerent fatisfaire par-là tous les préjugés religieux qu'ils avoient encore fur la néceffité de la préfence d'un Roi dans la Société : mais ce qui doit nous faire parfaitement démêler le véritable efprit Théocratique, qui dictoit encore ces préjugés, c'eft que les Athéniens éleverent en même temps une ftatue à *Jupiter Roi,* pour faire connoître qu'ils n'en vouloient point d'autre à l'avenir,

Les Républicains ne firent donc que rétablir la Théocratie primitive ; il en fut de même des autres préjugés dépendans du premier, qui s'efforçoient de ramener toujours au regne & à l'état des habitans du Ciel, le Gouvernement, & l'état des hommes fur la Terre : ils infpirerent toutes les nouvelles loix que l'on fit alors pour établir la liberté, l'égalité & la félicité de chaque citoyen ; & comme ces préjugés avoient fait le malheur des anciennes Théocraties, ils furent de même la fource de toutes les difcordes, & des perpétuelles fermentations des Républiques, qui n'ayant que des points de vue illufoires & des faux principes de conduite, ne purent jamais parvenir à cette affiette fixe & tranquille qu'elles cherchoient. Comme on s'imagina que l'égalité que mille caufes phyfiques & morales ont toujours écartée & écarteront toujours de la Terre, parce qu'elle n'eft faite que pour le Ciel, comme on s'imagina, dis-je, que cette égalité étoit de l'effence de la liberté, tous les membres d'une République fe firent égaux, ils furent tous Rois, ils furent tous Légiflateurs.

Pour maintenir ces glorieufes chimeres, il n'eft point d'Etat Républicain qui n'ait eu recours à des moyens forcés, violens & furnaturels: le partage des terres, l'abolition des dettes, la communauté des biens, le nombre & la valeur des voix légiflatives, une multitude de loix fur le luxe, fur la frugalité, fur le commerce, &c. les occuperent & les diviferent fans ceffe. Les Républiques fe difoient libres, elles cherchoient toujours la liberté; elles voulurent être tranquilles, elles ne le furent jamais; chacun s'y difoit égal, il n'y eut point d'égalité; enfin ces Gouvernemens, pour avoir eu pour objet tous les avantages extrêmes des Théocraties & du Regne célefte, furent perpétuellement comme ces vaif-

feaux, qui cherchant des contrées imaginaires, s'expofent fur des mers ora-
geufes, où après avoir été longtemps
tourmentés par d'affreufes tempêtes,
ils vont enfin échouer fur des écueils,
ou fe brifer contre des rochers d'une
terre déferte & fauvage. Le fyftême
Républicain cherchoit de même une
contrée fabuleufe; il fuyoit le Defpotifme, & par tout le Defpotifme fut fa
fin. Telle étoit la mauvaife conftitution de ces Gouvernemens, qui vouloient affecter l'égalité & la liberté,
que ce Defpotifme, qu'ils haïffoient,
en étoit la reffource & le foutien dans
les temps difficiles. Il fallut fouvent
que Rome pour fe conferver, oubliât
qu'elle étoit République, & qu'elle fe
foumit à des *Decem-virs*, à des *Dicta-
teurs*, & à des *Cenfeurs* Souverains.

Je ne rappellerai point ici les autres
principes Théocratiques fur l'unité du
regne du Dieu Monarque, qui étant
auffi paffés dans les Républiques, les

rendirent conquérantes par principe de Religion ; & contre le bien-être de toutes les Sociétés.

Pour se bien convaincre que ce Gouvernement n'est point fait pour la Terre, ni proportionné au caractere de l'homme, ni capable de faire ici-bas tout son bonheur, il suffit de remarquer son inconstance, & ses divisions perpétuelles, son peu de durée, & les limites étroites des territoires dans lesquels il a toujours fallu qu'il se renfermât pour conserver sa constitution. Par cette derniere précaution, qui lui étoit d'une nécessité indispensable, il y eut moins d'unité sur la Terre, qu'il n'y en avoit jamais eu, l'inégalité & la jalousie des Républiques entr'elles firent répandre autant & plus de sang que le Despotisme le plus cruel: les petites Sociétés furent dévorées par les grandes, & les grandes à leur tour se devorerent elles mêmes.

Ce qui est capable de nous intéresser

cependant encore pour les anciennes Républiques, & ce qui semble parler en leur faveur, ce sont les exemples étonnans de force, de vertu, & de courage, qu'elles nous ont toutes donnés, & qui les immortaliseront sans doute. Pour ne point nous laisser séduire par ces traits brillans, il ne faut qu'examiner les causes de leurs vertus, comme nous venons d'examiner les causes de leurs vices.

Comme les principes Théocratiques que nous avons retrouvés dans ces Républiques, étoient au-dessus des forces humaines, ils ont dû élever l'homme au-dessus de lui-même ; mais ils n'ont pu le faire que pour un temps, parce qu'alors les hommes agissant par un excès de ferveur & de zèle, n'ont point été capables de se soutenir constamment dans un état qui n'est point leur véritable état sur la Terre ; les prodiges ici-bas n'y font point de durée, parce qu'ils ne font point partie du cours ordi-

dinaire de la Nature. Il a donc fallu
que le Républicain s'élevât pendant un
temps au - deffus de lui - même, parce
que le point de vue de fon Gouvernement étoit furnaturel : il a fallu qu'il
fût vertueux pendant un temps, fon
Gouvernement voulant fe modeler fur
celui du Ciel où réfide la vertu; mais
à la fin il a fallu que l'homme redevînt
homme, parce qu'il eft fait pour l'être.

C'eft le même furnaturel que nous
admirons dans ces anciennes Républiques, & que nous femblons regretter,
qui avoit été, fuivant les apparences,
la fource du bonheur paffager des
Théocraties primitives, dont tous les
hommes ont fait l'âge d'or & le regne
de la juftice; c'eft ce même furnaturel encore, qui ayant par la fuite animé notre primitive Eglife, fait qu'aujourd'hui on le rappelle fi fouvent avec
enthoufiafme. Quoique les objets fpé-
culatifs de ces trois états puiffent nous
paroître différens, ils ont été néan-

X

moins les mêmes pour le fonds, & tous les trois ont dû nécessairement produire des prodiges de vertu; mais le même surnaturel qui les animoit, & qui les échauffoit, est ce qui en fait la courte durée, parce que tout ce qui est surnaturel n'est point fait pour la Terre.

Ceci doit nous faire remarquer combien la superstition, ou la vanité Chrétienne, s'est trompée, lorsqu'elle a appellé les vertus héroïques des anciens, de *fausses vertus*, & des *vertus humaines*; si elles ont été fausses, c'est par une raison toute contraire, c'est parce qu'elles étoient plus-qu'humaines; & ce qui fait aujourd'hui le malheur du Monde, c'est que la plupart des vertus que prêche le Christianisme sont de cette espece.

La vertu, ce mobile nécessaire du Gouvernement Républicain, est tellement un ressort disproportionné sur la Terre, que dans les Républiques de la Grece, & de l'Italie, elle étoit un défaut.

Cette sublime vertu, qui sera la source de l'égalité dans le Ciel, amene sur la Terre l'inégalité qu'on y veut éviter. Rome & Athenes nous en ont donné des preuves qui nous paroissent étranges & inconcevables, parce qu'on ne veut jamais prendre l'homme pour ce qu'il est. Les plus grands personnages, les citoyens les plus sages, tous ceux enfin qui avoient le plus obligé ces Républiques, étoient bannis, ou se bannissoient eux-mêmes; c'est qu'ils choquoient cette nature humaine qu'on méconnoissoit; c'est qu'ils se rendoient coupables aux yeux de l'égalité publique, par leur trop de vertu.

SECTION XXII.

Du Gouvernement Monarchique.

LEs abus du Despotisme, les dangers des Républiques, & le faux de ces deux Gouvernemens issus de la Théocratie, nous apprendroient ce que nous devons penſer du troiſieme, quand même la raiſon ſeule ne nous le diĉte-roit point : un Gouvernement où le Trône du Monarque a pour fonde-mens les loix de la Société ſur laquelle il regne, eſt ſans doute le plus ſage, & le plus heureux de tous.

Tous les principes d'un tel Gouver-nement ſont pris dans la nature de l'hom-me & de la planete qu'il habite; il eſt fait pour la Terre, comme une Répu-blique, & une Théocratie ſont faites pour le Ciel, & comme le Deſpotiſme eſt fait pour les Enfers. L'honneur & la raiſon qui lui ont donné l'être, & qui le dirigent, ſont les vrais mobiles de l'homme; comme cette ſublime ver-tu dont les Républiques ne nous ont montré que des rayons paſſagers, eſt le mobile conſtant des habitans du Ciel, & comme la crainte des Etats Deſpotiqués eſt l'unique mobile des reprouvés.

C'eſt le Gouvernement Monarchique

qui feul a trouvé les vrais moyens de
faire jouïr les hommes de tout le bonheur poffible, de toute la liberté poffible, & de tous les avantages dont on
peut jouïr fur la Terre; comme les
autres anciens Gouvernemens, il n'a
point été en chercher de chimériques
dont on ne peut conftamment ufer, &
dont on peut abufer fans ceffe.

Le Gouvernement Monarchique doit
être regardé comme le chef-d'œuvre
de la raifon humaine, & comme le
port où le Genre-Humain battu de la
tempête, en cherchant une félicité i-
maginaire, a dû fe rendre pour en trouver une qui fût faite pour lui; moins
fublime, à la vérité, que celle qu'il
avoit en vue, mais plus folide, plus
réelle, & plus vraie fur la Terre.

C'eft-là qu'il a trouvé des Rois qui
n'affectent plus la Divinité, & qui ne
peuvent oublier qu'ils font des hommes; c'eft-là qu'il peut les aimer, les
honorer, les refpecter, fans les adorer

& fans les craindre comme des Dieux,
ou des idoles ; c'eft-là que les Rois reconnoiffent des loix fociales & fonda-
mentales qui rendent leurs Trônes iné-
branlables, & les peuples heureux ;
c'eft - là enfin que les Peuples obéiffent
fans peine & fans murmure à des loix
qui leur ont enfin donné de fages Monarques, & qui leur ont procuré tous
les avantages honorables & raifonnables
qui diftinguent l'homme d'avec l'efclave de l'Afie, & le Sauvage de l'Amérique.

Comme nos ancêtres pleins de bon
fens, & vivement pénétrés du feul fentiment de la dignité de leur nature, en
fe donnant des Rois, n'ont point fait
un choix extrême entre un Dieu & un
Démon ; comme ils ont pris un mortel femblable à eux, que la raifon publique foutient par des loix fixes &
conftantes, qui l'obligent tout le premier, parce qu'il eft homme., & le
premier des hommes ; ce Gouverne-

ment humain & modéré n'exige point de ses Rois qu'ils se comportent en Dieux ; il n'exige point des Peuples une austere vertu, dont peu sont capables ; ni une soumission d'esclave qui les révolteroit, ou qui les dégraderoit. Les hommes y sont pris pour ce qu'ils sont ; on les y laisse jouïr du sentiment de leur état civil & naturel ; on y entretient même dans chacun ce sentiment de la dignité de sa nature, que l'on appelle *honneur* ; s'ils ont des passions, parce qu'ils sont hommes, & qu'ils doivent en avoir, l'Etat sçait les contenir & les tourner au profit du bien général. Constitution admirable, digne de tous nos respects, & de tout notre amour ! Chaque Société y doit voir & sentir une position d'autant plus heureuse, que cette position n'est point établie sur des principes faux, sur des moyens ou sur des motifs chimériques, ni sur des idées superstitieuses & mystiques, mais sur la raison, sur la nature,

& fur le caractere des chofes d'ici bas.

Je n'entrerai point ici dans le détail des diverfités qu'ont entr'elles les Monarchies préfentes de l'Europe ; elles font toutes du plus au moins fondées fur les vrais principes ; mais telle croit jouïr d'une conftitution parfaite, qui n'a encore que les abus des anciennes ; & telle autre fe plaint, qui eft peutêtre plus heureufe qu'elle ne penfé, & plus proche de la perfection.

On ne doit point s'imaginer que nous ne puiffions voir un jour des Monarchies parfaites, auxquelles il ne manquera rien de ce qui eft de l'effence de ce Gouvernement. Ses principes humains & naturels, feront connoître quelles en doivent être toutes les véritables loix ; & ces loix étant auffi humaines & naturelles que les principes qui les font découvrir, on peut prévoir que le temps & le progrès de la raifon y améneront néceffairement. Il n'en eft pas de même des deux autres Gou-

vernemens ; la perfection d'une République, ou d'une Théocratie, est une
chimere ; & la perfection d'un Despotisme est une horreur, ou ce n'est plus
un Despotisme.

Les Monarchies présentes peuvent
donc avoir encore quelques défauts,
mais ce n'est point à moi à les relever
ici ; je ne suis que citoyen, & le bonheur dont mes loix & mon Prince me
font jouïr, exige que je ne sois rien
de plus ; c'est le progrès des connoissan-
ces qui en agissant sur les Rois, & sur
la raison publique, achévera de les instruire sur tout ce qui peut manquer au
vrai bien de la Société : c'est à ce seul
progrès, qui commande d'une façon
invisible & victorieuse à tout ce qui
pense dans la Nature, qu'il est réservé
d'être à l'avenir le Législateur de tous
les hommes, & de porter insensiblement & sans effort des lumieres nouvelles dans le Monde politique, comme il en porte tous les jours dans le
Monde sçavant.   X 5

OBSERVATIONS

Sur le Livre de l'Esprit des Loix.

JE croirois avoir omis la plus intéref-
fante de mes obfervations, fi après a-
voir fuivi & examiné les fources & les
progrès des différens Gouvernemens
qui fubfiftent & qui ont fubfifté fur lá
Terre, je ne finiffois par faire remarquer & admirer la fagacité d'un grand
homme, qui, fans aucune connoiffance de l'origine particuliere des Gouvernemens, qu'il n'a fans doute point
voulu chercher, a commencé où je
viens de finir, & a prefcrit néanmoins
à chacun d'eux fon mobile & fes loix.

Nous avons vu que les Théocraties
& les Républiques avoient pris le Ciel
même pour modele de leur adminiftration. *C'eft la vertu*, dit M. de Montefquieu, *qui doit être le mobile du Gouvernement Républicain.*

Nous avons vu que le Defpotifme n'avoit jamais cherché qu'à repréfenter le grand Juge exterminateur, dans la Théocratie corrompue. *C'eft la crainte*, dit encore M. de Montefquieu, *qui doit être le mobile du Defpotifme.*

C'eft l'honneur, dit enfin ce Légiflateur de notre fiecle, *qui doit être le mobile de la Monarchie.* Nous avons, en effet, reconnu que c'eft le feul Gouvernement raifonnable, fait pour la Terre, qui laiffant à l'homme le fentiment de fon état & de fon exiftence, doit être foutenu & confervé par l'honneur, qui n'eft autre chofe que le fentiment que nous avons tous de la dignité de notre nature.

Quoi qu'ayent donc pu dire la paffion, l'ignorance & la fuperftition, contre les principes du fublime Auteur de l'*Efprit des Loix*, ils font auffi vrais que fa fagacité a été grande pour les deviner; mais tel eft le privilege du génie, d'être feul capable de connoître le vrai d'un grand tout, lors même que ce tout lui eſt inconnu, & qu'il n'en voit encore qu'une partie.

Que ne vit-il encore, cet homme unique entre tous les hommes de nos jours, & de tous les ſiecles paſſés, pour nous inſtruire, & en particulier pour rentrer dans cet ouvrage, comme dans un bien qu'il feroit mieux valoir, que moi. Puiſſe-t-il, quelque informe que ſoit cette eſquiſſe, recevoir l'hommage que j'oſe en faire à ſa mémoire!

F I N.